나의 연기술
나의 화술연기

나의 연기술
나의 화술연기

| 류홍근 지음 |

도서출판 동인

시작하는 글

　나는 1987년 연극에 입문했다. 당시 지하 소극장에서 잠을 자면서 낮에는 포스터를 붙이고 공연 때는 조명과 음향을 담당하며 연극을 했다. 크고 작은 역할들을 통해 성장하는 과정에서 연극제에 나가 천상의 배우라는 과분한 심사평도 들었다. 그런데 엄지소리가 굳어지지 않은 상황에서 역할에 욕심을 내게 되었다.

　1992년 하반기에 한국연극배우협회 공연 작품인 〈어머니(막심 고리끼)〉에 참여하게 되었는데 그 작품은 참여 인원이 80여명인 대작으로 당시 대학로 문예회관 대극장 지하연습실에서 연습이 진행됐다. 배우협회에 등록된 기라성 같은 배우들이 김효경 연출자를 중심으로 넓게 둘러앉아 보다 더 좋은 역할에 캐스팅되기 위해 대본을 리딩하는 상황은 총칼이 없을 뿐 살벌한 전쟁터 같은 분위기였다. 다른 동료배우보다 더 자신을 드러내기 위해 배우들의 리딩 소리는 커져만 갔다. 아직 화술연기의 엄지소리가 구축되지 않았던 필자도 연기욕심을 내며 목이 터져라 강한 고성을 내고 있었다. 결국 욕심은 천상의 배우에서 똥배우로 추락하는 상황을 가져오고 말았다.

그 후로 화술연기의 깊은 수렁으로 빠지게 되었다. 주위에 훌륭한 선배나 선생님이 계셨겠지만 화술연기 수렁에서 쉽게 빠져나오지 못하고, 당시 연기술의 바이블이라고 생각한 스타니스랍스키의 『배우수업』에 더욱 몰입하게 되었다.

무대에 한 번이라도 더 서기 위해 극단과 작품에 상관없이 무대공연만을 좇았다. 그리고 공연이 없는 날은 정말 입이 부르트도록 하염없이 리딩 훈련을 했다. 당시엔 교회를 다니지 않으면서도 성경을 대본처럼 사용했다. 그러나 그렇게 해도 성에 차지 않았다. 화술연기를 더욱 더 완성하기 위해 KBS의 성우 구민 선생님과 고은정 선생님의 제자가 되어 6개월 동안 교육을 받고 어느 정도 자신감을 가지고 다시 대학로로 돌아와 연극무대에 서게 되었지만 스타니스랍스키의 시스템에 빠져 고통의 길을 계속 이어가게 되었다.

1999년에는 포항시립연극단 상임단원에 합격해 경제적으로 안정된 생활을 하게 되었다. 감사하게도 포항에서 경북일보에서 취재 온 신문기자를 만나 결혼하여 귀한 아내와 자녀들을 얻게 되었다. 2005년에는 서울에서 활동하기 위해 가족을 데리고 서울 근교인 남양주시에 둥지를 틀었다. 아내는 당장 가정경제를 위해 공부방을 운영하고, 나는 뒤늦게 대학원에 진학하여 2007년 「무대연기 화술지도 방법에 대한 연구」란 논문으로 석사학위를 받았다. 그리고 남양주시에 50석의 다산 소극장과 극단 다산을 만들어 학생들을 지도하고 연극을 올리면서 이 책을 집필했다.

은행에서 집을 담보로 대출을 받아 다산 소극장을 만들었다. 가난한 연극배우를 만나 고생하는 아내와 자녀들에게 언제나 미안하고 또 미안한 마음이다. 연극배우로 산다는 것은 총각 때까지는 경제적으로 어렵고 배가 고파도 나에게 무대는 언제나 성스런 공간이었다. 정말 삶의 기쁨이었다. 그러나 결혼 후 처자식에게 가난한 연극배우는 용서가 되지 않았다. 정말 자신이 연극배우인 게 미웠다. 그래도 30여년 연극을 해오면서 가지고 있는 희망이 있다. 연극이 제 역할을 하는 것이다.

연극이 더 이상 흥미와 재미로 그쳐서는 안 된다. 연극무대는 인간 삶을 재현하는 성스러운 공간이다. 연극무대는 최고의 인간 활동의 공간으로 사용되어야 한다. 삶을 공부하는 공간, 인생을 교육하는 공간, 인간다운 정신으로 깨우치는 성스러운 공간으로 거듭나길 소원하며 이 책을 집필했다.

1장은 배우 연기술의 핵심인 화술연기이다. 자기만의 화술연기를 자유롭게 구사하기 위해서는 자신에서 시작해야 한다. 나의 현장 경험들을 바탕으로 자기로부터 시작하는 그 방법들을 참고하도록 했다. 화술연기는 자기의 현장경험과 느낌과 체득을 통해 개성 넘치는 화술연기를 구축하는 방법을 제시했다.

2장은 무대실연을 위주로 한 대학 연극학과의 커리큘럼에 대한 내용이다. 많은 연극대학에서 우수한 인재들을 뽑아놓고 방치하거나 연기술을 가르치려 한다. 연기술은 가르치려 하기보다는 연기지망생들이 스스로 현장 경험을 하고 느끼고 체득해 갈 수 있도록 실질적인 무대공연 중심의 대학교육이 이뤄져야 능력과 재능을 갖춘 연극인이 배출될 수 있다. 그럼 연극과 사회가 함께 성장될 수 있다고 기술했다.

3장과 4장에서는 다양한 연기술의 진리와 오류를 다뤘다. 인간의 삶이 어떤 시스템에 갇혀 살 수 없듯이 연극도 그 어떤 시스템에 갇혀 살아서는 안 된다. 그런데 수많은 연극인이 쉽게 가려고 시스템을 요구한다. 100년 가까이 스타니스랍스키의 시스템은 수많은 연기지망생들을 수렁으로 빠뜨렸다. 연기술의 진리와 오류를 연기지망생 스스로 분별하여 찾아갈 수 있도록 대표적인 연극 조상님들의 핵심적인 연기술의 부분들을 다뤘다.

『나의 연기술 나의 화술연기』는 연기지망생들이 쉽게 이해할 수 있도록 감은 교수와 거소 선생의 대화 형식으로 내용을 엮었다. 감은 교수의 역할은 주로 연극지망생 입장에서 때론 대학과 자기 입장에서 질문하고 답변한다. 거소 선생은 현장 연극배우이고 연출가이며 이론가로서 질문에 답하는 형식을 취했다. 이 책을 좀 더 쉽게 읽을 수 있는 방법으로 두 사람이 역할을 나눠서 서로 토론하듯이 리딩하는 방법을 추천한다.

이 책이 하나님께 큰 영광이 되길 기도드린다. 그리고 사랑하는 아내 김미선, 큰아들 장우, 둘째 건우, 셋째 하율에게 고맙고 감사하다. 책을 펴낼 수 있게 허락해주신 도서출판 동인의 이성모 대표님 외 편집부 여러분께 감사드린다. 이 책이 대한민국 연극을 한걸음이라도 진보시키는 데 도움이 되기를 희망해 본다.

천마산 자락에서

류홍근

차례

1장

나의
화술연기

1

엄지소리(대표소리)

감은 나만의 목소리를 활용하는 방법들은 다양하게 있습니다. 먼저 엄지소리에 대해서 말씀을 나눠보겠습니다.

거소 사람은 누구나 자기만의 음색과 음질의 목소리를 가지고 있습니다. 저는 이 목소리를 엄지소리라고 부릅니다. 그러니까 태어나면서부터 본인이 가지고 있는 목소리가 엄지소리입니다. 엄지소리는 연기자의 대표소리라고 말할 수 있습니다.

감은 태어나면서부터 소유하게 된 목소리가 엄지소리라고요?

거소 엄마와 아버지의 목소리를 닮은 그 목소리가 엄지소리입니다. 연기지망생들은 자신의 엄지소리부터 제대로 구축하여 사용할 수 있도록 노력해야 합니다.

감은 엄마와 아버지의 목소리를 닮았다고 해서 엄지소리군요. 그러니까 집에서나 학교에서 친구들과 자연스럽게 사용하는 말이 엄지소리란 말씀이시지요?

거소 그렇습니다. 일상에서 사용해온 말이 엄지소리입니다. 집에 걸려온 전화를 아들이나 딸이 받았는데 부모님의 친구 분이 내 목소리만 듣고 아버지나 어머니인 줄 알고 착각하는 목소리, 형이나 언니에게 걸려온 전화를 내가 받았는데 상대가 형이나 언니 동생으로 착각하는 그 목소리가 엄지소리입니다. 부모님으로부터 물려받은 본성적인 목소리지요.

감은 그런데 왜 연기지망생들이 그 엄지소리를 무대에서 사용할 수 있도록 노력해야 되는 겁니까? 연기자라면 다양한 역할에 맞춰 목소리를 만들어내야 되는 거 아닙니까?

거소 연기지망생이 처음부터 화술연기를 잘할 수 있다면 다양한 인물의 목소리를 만들어서 연기하여 최고의 배우가 될 수 있겠죠. 그러나 화술연기는 수많은 연기지망생들이 쉽게 넘어설 수 없는 크고 깊은 바다와 같은 것입니다. 20세기 연극의 거장인 스타니스랍스키도 50살이 넘어서 화술연기의 바다에 빠져 고통스러워했습니다. 60세가 다 되어서도 포기하지 않고 나름대로 체계를 세워서 화술훈련을 했습니다. 만약 화술연기를 무시하거나 충분히 훈련하지 않는다면 화술의 바다에 빠져 평생 동안 허우적거리게 될 것입니다.

감은   그럼 연기지망생이 처음부터 천의 목소리와 천의 얼굴로 넓고 깊은 바다에서 자유롭게 헤엄치며 화술연기를 아름답게 구사하면 되는 거 아닙니까?

거소   배우라면 천의 얼굴과 천의 목소리를 소유하고 싶겠지요. 그러나 그건 어린 아기가 아직 걷지도 못하는데 뛰겠다는 것과 다름없습니다.

감은   왜 그렇죠? 연극대학의 연기지망생들은 20살이 넘었고 엄마와 아버지의 소리를 닮은 엄지소리를 20년 동안 사용하며 살아왔습니다. 그럼 그 엄지소리를 기본으로 다양한 역할의 목소리를 구사할 수 있는 거 아닙니까?

거소   화술연기의 바다를 조그마한 웅덩이로 생각해서는 안 됩니다. 매순간 변화되고 폭풍이 일어나고 요동치며 거친 파도와 해일이 일어나다가 어느 순간 잔잔해지고 작은 물고기 한 마리의 움직임이나 작은 바람에도 미세하게 물결이 반응하는 곳이 화술연기의 바다입니다. 훌륭한 연기자가 되고 싶다면 천의 목소리, 천의 얼굴을 가져야 한다는 욕심보다는 먼저 자신의 대표소리인 엄지소리부터 제대로 구술할 수 있어야 합니다. 연기자에게 이 엄지소리는 화술연기의 바다를 안전하게 수영할 수 있게 해주는 생명줄 같은 역할을 해줄 겁니다.

감은   그럼 연기지망생이 엄지소리를 무시하고 천의 목소리를 향해 화술연기를 좇게 되면 어떻게 되는 겁니까?

거소   대부분의 연기지망생들이 내가 맡는 역할마다 인물의 목소리까지 완벽하게 변화시켜 연기하고 싶다는 욕심을 내게 됩니다. 그들 대부분은 화술연기의 수렁으로 빠지게 됩니다. 먼저 엄지소리를 제대로 구축하고 난 후에 천의 목소리든 천의 얼굴이든 표현하더라도 늦지 않습니다.

감은 부모님이 물려주신 엄지소리를 바르게 사용할 줄 아는 게 먼저란 말씀이신데…… 그럼 엄지소리를 구축하기 위해서 뭘 어떻게 해야 되는 겁니까?

거소 엄지소리를 구축하기 위해서는 충분한 시간과 실습 공연이 필요합니다.

감은 충분한 시간과 실습공연이 필요하다고요? 아니 엄지소리를 20년 동안이나 사용하여 왔는데 왜 엄지소리를 구축하기 위해 시간과 실습작품이 필요한 거죠?

거소 일상에서 엄지소리를 자유롭게 구사하던 연기지망생에게 대본을 주고 대사를 하라고 시키면 연기지망생 대부분이 엄지소리로 말하지 못하고 정체불명의 이상한 목소리로 대사합니다.

감은 정체불명의 이상한 목소리로 대사를 하게 된다고요? 왜 그런 현상이 일어나는 겁니까?

거소 여러 요인이 있을 수 있겠지만 쉽게 말씀드리면 아기가 말을 배우기까지 외적인 행동의 반복 훈련으로 어느 시기가 되면 정확한 발음으로 말을 할 수 있게 됩니다. 문자나 글을 말로 바꾸는 작업도 연기지망생의 외적인 육체 행동의 반복훈련을 일정한 시기 동안 해야 엄지소리를 구축할 수 있게 되는 겁니다.

감은 그럼 어느 정도의 시간 동안 연습이나 실습을 해야 되는 겁니까?

거소 연극영화과 학생들은 4년 동안, 극단의 연기지망생들은 쉬지 않고 워크숍을 통해 무대공연 20편 이상을 배우로 참여해야 기초적인 엄지소리를 구축할 수 있게 됩니다. 물론 배우에 따라서 정도의 차이가 있습니다.

감은 일반 극단의 연극지망생들도 워크숍을 통해 또는 연극학과 대학생이 4년 동안 무대공연 20여 편 이상을 배우로 참여해야 기초적인 엄지소리를 구축할 수 있다는 말씀이신데요. 연극대학에서 엄지소리 구축을 더 빠른 시일 안에 할 수는 없는 겁니까?

거소 그건 마치 어린 사과나무를 심고서 그 묘목이 충분히 자라지도 못했는데 그 해에 맛좋은 과실을 구하려고 하는 것과 같은 욕구입니다.

감은 사과나무의 묘목이 과실을 맺으려면 세월이 어느 정도 필요한데요?

거소 사과나무가 뿌리를 땅에 제대로 내리고 튼실하게 자랄 수 있도록 묘목관리를 잘해주면 대략 4년 정도면 과실을 볼 수 있게 된다고 합니다.

감은 아기사과나무에서 과실을 맛보려면 4년이란 세월이 걸린다고요?

거소 그래서 연기지망생도 대학 4년 동안 실질적인 무대공연 20여 편 이상을 배우로 참여해야 나의 엄지소리를 제대로 구축할 수 있게 되는 겁니다.

감은 잠깐만요! 대학 4년이란 시간은 버티면 가능합니다. 그러나 연극대학에서 무대공연 20편 이상을 배우로 참여할 수 있겠습니까? 그건 현실적으로 불가능하지 않습니까?

거소 대학 4년 동안의 무대공연 20여 편 참여 방법에 대해서는 뒷장에 자세하게 설명되어 있습니다. 일단 엄지소리에 대한 부분에 대해서 말씀을 계속 나누겠습니다.

감은 그럼 태어나 성장하면서 환경이나 잘못된 습관이나 버릇에 의해 생긴 이상한 말투도 엄지소리입니까?

거소 엄지소리는 부모의 DNA와 닮은 목소리입니다. 머리카락 발가락 손가락처럼 사람마다 각각의 특징을 가지고 태어난 소리입니다. 부모님의 목소리를 닮은 그 목소리가 엄지소리입니다. 후천적인 환경이나 습관 버릇에 의해 만들어진 어투나 사투리는 연기자의 개인 의지와 노력에 따라 바로 잡을 수 있습니다.

감은 연기지망생이 부모의 DNA에 의해 타고난 엄지소리를 구축하는 데 대학 4년여의 시간과 공연작품 과정에서도 연기지망들끼리 개인차가 난다고 말씀하셨습니다. 이 말씀은 엄지소리 구축을 빨리 못할 수도 있다는 말씀 같은데요?

거소 그렇습니다. 사과나무 묘목이 땅에 뿌리를 제대로 내리고 튼실하게 자랄 수 있도록 묘목관리를 잘해줘야 하듯이 연기자로서 자기관리를 철저하게 해줘야 엄지소리가 튼실하게 구축되게 됩니다.

감은 연기지망생이 화술연기의 크고 깊은 바다에서 엄지소리를 튼실하게 구축할 수 있는 좀 더 쉬운 방법에 대해 말씀해 주십시오.

거소 화술연기를 할 때 엄지소리를 쉽게 구축할 수 있는 3가지 방법을 말씀드리겠습니다. 첫째, 대본을 대사할 때 평상시 말할 때 톤처럼 말하려고 노력합니다. 둘째, 목구멍을 열어주어 호흡이 자유롭게 이뤄지도록 신체를 유지합니다. 셋째, 발음을 정확하게 구사합니다. 이것만 제대로 지켜도 원래 본인의 목소리인 엄지소리를 자유롭게 구사할 수 있게 될 겁니다.

감은 엄지소리를 사용하는 것이 쉽지 않겠는데요? 자신도 모르게 목에 어떤 힘이 들어가거나 인위적인 느낌이 들어가거나 무의식적으로 목소리를 꾸며서 내다보면 그게 익숙해져서 자신의 목소리를 구분하지 못하고 많은 혼란을 겪을 수도 있겠는데요?

거소 언제나 깨어 있어야 됩니다. 이성적으로 자기를 관리해야 합니다. 자신의 엄지소리를 인지하고 그 어떤 상황 속에서도 일관성 있게 구술하기 위해서는 대학 4년 동안 실질적인 무대공연을 통해 매일 매일 새롭게 구축해 나가야 하는 겁니다.

감은 대학 4년 동안 실질적인 무대공연을 통해 엄지소리를 구축해야 된다고 말씀하셨는데요. 가족력에 의해 타고난 엄지소리보다는 좀 더 새롭고 멋진 목소리를 만들어 엄지소리로 사용하면 더 좋은 것 아닙니까?

거소 연기자의 엄지소리는 새롭게 만들어 내어서는 안 됩니다. 성악이나 판소리의 발성처럼 인위적인 룰 안에서 만들어내는 소리가 아닙니다. 형제와 자매끼리도 닮은 타고난 자기 소리입니다. 타고난 본래 자기 소리는 자연의 목소리라고 말할 수 있습니다. 그런 목소리는 목이 쉬지 않고 관객이 오랫동안 들어도 질리지 않습니다.

감은 오! 오랫동안 들어도 질리지 않는다고요? 배우들이 자연스런 일상의 엄지소리를 내려고 매순간 노력하고 매진해야겠군요. 엄지소리에 대해 연기지망생들이 쉽게 이해할 수 있도록 화술연기에 뛰어난 선배님들의 사례를 들어 말씀해 주시겠습니까?

거소 화술연기에 뛰어난 선배 배우 중에 연극이나 TV, 영화에서 젊은 시절부터 현재 노년이 되어서도 왕성하게 자신의 풍성한 엄지소리로 활동하는 노배우들이 있습니다. 그들은 현재도 다양한 드라마에서 다양한 역할로 연기하고 있습니다. 그런데 TV를 보지 않고 단지 TV에서 흘러나오는 목소리만 듣고서도 어떤 노배우가 연기하고 있는지 시청자는 금방 알 수가 있습니다. 바로 그 배우의 목소리가 엄지소리라고 생각하면 됩니다.

감은 정말 그렇습니다. 지금도 잘 나가는 노배우들의 목소리는 어떤 역할을 해도 목소리만 듣고서 누구인지 어떤 배우인지 금방 알 수가 있지요. 바로 그 목소리가 엄지소리군요.

거소 그렇습니다. 잘 나가는 배우들은 그 엄지소리에 다양한 성격을 이입하여 역할을 소화하며 연기해 나갑니다. 이제 엄지소리에 대해서 잘 아시겠지요.

감은 네. 배우의 엄지소리는 화술연기의 바다에서 생명줄 같은 것이라는 말씀이 이해가 됩니다. 노배우들의 화술연기 사례를 통해 확실히 알 것 같습니다. 그런데 무대 위의 대사와 일상의 대사가 달라야 한다고 주장하는 연출가들이 있습니다. 이건 어떻게 생각해야 되는 겁니까?

거소   무대 위의 연기자의 대사와 일상의 말이 달라야 한다고 주장하는 연출자들을 저도 보아 왔습니다. 사실 연기지망생들이 일상처럼 말을 하려고 해도 마음처럼 쉽게 되지 않는 게 현실입니다. 그런데 대사와 일상의 말이 달라야 한다고 주장하는 것은 연기지망생들을 미로 속으로 빠뜨리는 행위입니다. 그들 대부분은 무대 위 배우로서 많은 작품의 연기를 직접 경험해 보지 못한 이론적인 연출자일 경우가 대부분입니다. 가급적 그런 연출자와는 함께 작업하지 않는 것이 좋겠습니다.

감은   그런 연출자와는 함께 작업을 하지 말라고요?

거소   사실 저도 연기 초년 시절에 무대 위의 화술연기와 일상의 말이 달라야 한다고 주장하는 연출자를 믿었다가 화술연기의 바다에 빠져 정말 고통스럽게 지낸 적이 있었습니다.

감은   아직 연기의 초보자인 연기지망생들은 그릇된 지도자들의 지도를 받고 더욱더 깊은 화술연기의 수렁으로 빠지는 경우도 많겠군요. 연기자의 대사와 일상의 말이 같아야 한다는 확신을 가질 수 있는 사례가 있으면 말씀해 주십시오.

거소   연기지망생 입장이라지만 너무 세세하게 질문을 하는군요? 먼저 저의 수많은 실제 화술연기 경험에 의한 확신이라고 말씀드립니다. 그리고 조금 전에 말씀드렸던 명배우나 최고의 연기 노하우를 가진 노배우들을 통해서도 알 수 있는 사례를 말씀드리겠습니다. 제가 그 노배우들과 함께 작품을 했던 적이 있습니다. 그분들의 일상의 대화를 들어보면 연기대사와 일상의 말투가 거의 똑같다는 걸 알게 됩니다.

감은 그건 맞습니다. 저도 잘 나가는 노배우와 사적으로 만나서 대화를 나눈 적이 있었는데 일상의 말투나 드라마에서의 말투가 거의 똑같았습니다. 음, 그래도 일상의 말과 연기의 대사를 다르게 하시는 분들도 계시지 않겠습니까?

거소 물론 다르게 연기하시는 분들도 계십니다. 엄지소리를 넘어섰거나 넘지 못한 분들이겠지요. 그러나 잘 나가는 노배우들의 연기 대사와 일상의 말투는 대부분이 거의 똑같다는 사실입니다.

감은 그럼 노배우들은 엄지소리를 넘지 못했다는 말씀입니까? 그리고 엄지소리를 넘어서야 좋은 화술연기라 말할 수 있습니까?

거소 아닙니다. 그건 관객의 몫입니다. 제 개인적으로는 자기 색깔의 분명한 엄지소리 연기를 추천하고 싶습니다. 왜냐하면 자기 색깔의 분명한 엄지소리도 자연과 함께 변화되기 때문입니다. 대학 4년의 기초적인 엄지소리 구축 후에도 쉬지 않고 훈련해야 자기만의 엄지소리를 더욱더 풍성하게 구술할 수 있기 때문입니다. 그리고 그 기준은 항시 자연의 엄지소리를 좇아야 합니다.

감은 엄지소리도 자연과 함께 변화되기 때문에 쉬지 않고 트레이닝하며 풍성한 엄지소리 구술을 위해 항시 자연의 엄지소리를 좇아야 되는군요. 마지막으로 엄지소리 구축을 위해 연기지망생에게 더 줄 팁이 있다면 부탁합니다.

거소 연기지망생들이 엄지소리를 분명하게 그리고 자유롭게 구사하기 위해서는 일상에서 행하는 행동과 화술을 구도자처럼 행할 수 있어야 됩니다. '일상의 삶은 무대 위의 공연처럼 말하자! 실제 무대 위의 공연은 일상처럼 자유롭게 말하자!'입니다. 이걸 실천하십시오.

감은 '일상의 삶은 무대 위의 공연처럼 말하고! 실제 무대 위의 공연은 일상처럼 자유롭게 말하자!'라고요. 정말 소중한 팁이군요.

거소 그 어떤 상황에서도 인위적인 틀을 만들어 놓고 엄지소리를 구축하면 곧 그 한계에 다다르게 됩니다. 그러나 자연에 의지하며 엄지소리를 구축하면 역할마다 생생한 화술연기를 구술할 수 있게 될 것입니다. 연기지망생들이 화술연기를 진정으로 잘하고 싶다면 먼저 엄지소리 구축을 위해 온 마음과 뜻을 모아 지금부터 충실하게 실천해야 될 겁니다.

감은 엄지소리는 부모의 DNA에 의해 만들어진 것이다. 지문 목소리 눈동자 등처럼 사람마다 각각의 특징을 가지고 태어난다. 엄지소리도 자연과 함께 변화된다. 자연이 빚은 자신의 육신과 외모, 목소리는 세상에 유일한 명품이다. 어떤 상황에서도 자신을 존중하고 사랑할 수 있어야 한다. 엄지소리 구축을 위해 마음과 육신과 뜻을 모아 대학 4년뿐만 아니라 평생 동안 다양한 작품들을 통해 더욱더 풍성한 엄지소리를 구축해야 된다는 소중한 말씀 감사드립니다.

2

첫 음정(key)을 활용하라

감은 화술연기는 넓고 깊은 바다와 같다고 하셨습니다. 나의 엄지소리를 구축하고 더욱더 풍성하게 구술하기 위해 화술연기도 첫 음정key을 활용하는 방법에 대해 말씀을 나눠보겠습니다.

거소 나의 화술연기란 큰 바다에서 자유롭게 살아가려면 연기자들은 엄지소리 구축을 위해 다양한 방법들을 이용할 줄 알아야 됩니다.

감은 나의 화술연기가 넓은 바다라면 거기서 살아남기 위해 연기자는 수영, 구명조끼, 뗏목, 고깃배, 유람선 등을 준비해야 되는 거 아닙니까? 그러면 화술연기 바다에서 안전하게 살아갈 수 있지 않을까요?

거소   초호화 거대 유람선을 준비해도 선장이 항해기술을 갖추지 못했거나, 자만하게 되면 곧 바다 속으로 침몰하게 될 겁니다. 연기자의 화술연기 능력에 따라 수상스키를 탈 것인지, 유람선을 탈 것인지, 바다에 빠져 허우적거리게 될 것인지는 스스로 선택하게 될 겁니다.

감은   그러니까 화술연기 바다에 빠지지 않으려면 다양한 화술연기 훈련들을 습득하여 엄지소리를 풍성하게 구술할 수 있는 능력을 갖춰야 된다는 말씀이군요? 화술연기도 첫 음정을 활용하면 엄지소리를 튼튼하게 구축할 수 있다고 하셨는데 어떻게 활용해야 하는지 말씀해주세요?

거소   가수나 뮤지컬배우에게 첫 음정은 참으로 중요합니다. 연기자들의 화술연기도 작품에 따라 역할에 따라 첫 음정을 찾아서 활용해야 더욱더 역할에 가까운 엄지소리로 화술연기를 할 수 있게 된다는 말씀입니다.

감은   가수와 뮤지컬배우가 노래를 부를 때 자기에게 맞는 첫 음정을 맞춰 불러야 하는 것은 당연한 말씀입니다. 그런데 연기자들도 화술연기를 잘하기 위해 작품 역할에 따라 첫 음정을 맞춰야 한다는 말씀은 저는 오늘 거소 선생에게 처음 듣습니다.

거소   그럴 겁니다. 순수하게 제가 무대배우로 살아온 경험에 의해 깨우친 화술연기의 방법입니다. 가수들은 자기가 부를 노래의 음정을 정확하게 알고 노래를 부릅니다. 일반인도 자기가 부를 노래의 키key를 정확하게 알고 부르면 노래를 더 잘 부를 수 있게 됩니다. 화술연기 또한 작품과 역할에 따라 첫 음정을 활용하면 풍성한 엄지소리를 구사할 수 있게 될 겁니다.

감은　화술연기도 역할에 따라 첫 음정을 활용하면 풍성한 엄지소리를 구술할 수 있다고 하셨는데요. 엄지소리는 타고난 목소리를 말씀하고 있는 것 아닙니까?

거소　맞습니다. 엄지소리는 부모님의 DNA를 닮은 목소리입니다. 그 엄지소리를 다양하고 풍성하게 사용할 수 있도록 첫 음정을 활용하자는 겁니다. 화술연기술은 배우의 숫자만큼 있습니다. 자기엄지소리를 제대로 구축해야지요.

감은　그럼 첫 음정의 키만 활용하면 화술연기가 좀 더 풍성하게 된다는 겁니까?

거소　그렇습니다. 첫 음정만 잘 잡아도 엄지소리를 다양하고 풍성하게 또는 화려하게 아니면 닭살이 돋듯 차갑고 소름끼치는 화술연기를 구사하는데 많은 도움을 받을 수 있게 될 것입니다.

감은　첫 음정의 키를 어떻게 맞춰야 하는지에 대해 말씀해 주세요.

거소　음악에서 음정音程은 두 음音의 진동수振動數의 비比, 곧 높낮이의 차
높인 음과 음 사이의 간격을 말합니다.[1] 첫 음정은 노래의 전체 톤과 음량을 결정짓는 아주 중요한 요소입니다.

감은　그렇겠지요. 음악에서는 첫 음정이 노래 전체의 톤과 음량을 결정짓는 중요한 요소라는 건 인정합니다.

거소　언젠가 노래방에 함께 갔던 사람들에게서 들었던 건데, "누군가

---

1) http://blog.naver.com/piano_amore/220298503544. 2015.

한 키 내려라 올려라는 말을 쓰면 한 키가 아니라 반음이다"라고 지적하는 사람이 있었습니다. 이건 누구의 말이 맞는 겁니까?

감은 그걸 왜 제게 물어보는 겁니까? 잘 모르겠습니다.

거소 두 사람 다 같은 말을 하고 있는 겁니다. 한 키는 반음과 같은 것으로 사용되고 있습니다. 음정이 불안하여 음이 샵 되거나, 플랫이 되는 가장 큰 원인은 보컬 개인의 음감에 달려 있습니다. 음감은 선천적으로 타고나는 절대음감과 후천적으로 연습하여 얻어지는 상대음감이 있습니다.[2]

감은 노래할 때 한 키 올려라, 반음 내려라 하는 것은 가수가 악기의 연주에 맞춰서 노래하는 거 아닙니까?

거소 아닙니다. 노래 부르는 가수의 성량이나 음정에 맞춰서 악기의 연주가 이뤄져야 됩니다. 악기 연주는 가수를 도와주는 역할이어야 합니다. 악기 연주 없이 가수가 노래 부를 때도 자기의 첫 음정에 맞춰서 노래를 불러야 잘할 수 있게 되는 겁니다.

감은 악기 연주가 없어도, 첫 음정이 맞아야 노래를 잘할 수 있게 되겠지요.

거소 악기 연주 없이도 노래 잘 부르는 가수는 첫 음정만 잘 맞춰 노래해도 정말 안정되고 리듬감 있게 잘 부르게 됩니다. 연기자도 첫 음정을 잘 맞추면 화술연기를 더 안정되게 또는 더 화려하게 잘할 수 있게 되는 겁니다.

---

2) http://blog.naver.com/sso3017/220310655302. 2015.

감은   그럼 노래 잘하는 가수의 곡을 원곡 키대로 부르는 것이 노래를 잘 부르는 겁니까?

거소   아닙니다. 사람마다 갖고 있는 음 높이가 다르기 때문에 키 조절이 반드시 필요합니다. 유명가수도 다른 가수의 노래를 부를 때에는 자기 음에 맞춰 키를 조율해서 부릅니다. 자신에게 잘 맞는 음으로 노래를 불러야 자신도 노래를 잘 부를 수 있고, 듣는 사람도 안정되고 편안하게 들리기 때문입니다. 화술연기도 유명배우의 첫 음정을 그대로 따라 할 필요는 없습니다. 자기에게 맞는 음정으로 대사를 시작하면 됩니다.

감은   연기자도 가수와 똑같이 화술연기를 할 때 역할에 맞는 첫 음정을 맞춰야 한다는 말씀이군요.

거소   그렇습니다. 화술연기도 사람마다 갖고 있는 음정의 높이가 다르기 때문에 자신에게 맞는 키 조절이 반드시 필요합니다.

감은   그런데 작품의 역할마다 음악처럼 악보가 있는 것도 아니고 그 첫 음정을 어떻게 맞춰야 하는 겁니까?

거소   제가 지도했던 B라는 연기지망생은 작품의 역할을 분할 때 목소리가 고음으로 모든 역할을 똑같이 소리만 질러대는 것이었습니다. 그래서 중저음으로 첫 음정을 내게 하였더니 화술연기가 안정되었고 전체적인 톤과 음량의 조율이 성공적이었습니다.

감은   연기지망생에게 첫 음정을 잘 잡아 주니까 화술연기를 안정되게 했다고 하셨는데, 연기자들은 스스로 첫 음정을 알아서 잘 찾아가지 않습니까?

거소   그렇지 않습니다. 본성적으로 음감이 좋은 연기자는 쉽게 찾아가서 화술연기를 잘하기도 합니다. 그러나 음감이 떨어진 연기 지망생은 첫 음정이 왜 필요한지조차 모르고 있는 게 현실이라고 말씀드릴 수 있습니다.

감은   연기자도 첫 음정을 잘 맞춰야 한다는 연극사적인 사례가 있으면 말씀해 주십시오.

거소   20세기 연극의 거장 스타니스랍스키는 그의 나이 60세가 되어서 2년여 동안 유럽과 미국의 순회공연 도중 매일 목소리 훈련을 시작합니다. 호텔방에서 발성훈련과 화술연기의 연습과제를 실천했습니다. 신경이 예민한 옆방 사람이 문을 두드렸습니다. "그때부터 나는 소리를 절반으로 낮춰 훈련을 하게 되었다. 그것이 무대 언어 훈련에 매우 유용한 일이었다는 것이 나중에 밝혀졌다"[3]고 기술하고 있습니다.

감은   화술훈련 때 소리를 절반으로 낮추는 것이 무대 언어 훈련에 매우 유용한 일이었다는 것이 나중에 밝혀졌다고 말하고 있군요.

거소   그렇습니다. 화술훈련은 저음, 중저음, 중음, 중고음, 고음 등을 직접 실험해 보지 않고서는 그 중요성을 쉽게 인식할 수 없습니다.

감은   그럼 첫 음정을 어떻게 맞춰야 하는지 말씀해주십시오?

거소   화술연기의 중심과 핵심은 언제나 자기 자신입니다. 자기에서 시작되는 것이죠. 일상에서 사람들이 자유롭게 구사하는 보편적인 목소리의 음정을 중음가라고 말하기도 합니다. 물론 사람마

---

3) 스타니스랍스키. 『나의 예술인생』. 강량원 옮김. 책숲, 2012. p.700~01.

다 편차가 있지만요.

감은 화술연기에서 음정을 어떻게 분류하고 있나요?

거소 화술연기의 첫 음정을 크게 다섯 가지 음으로 분류하고 있습니다. 저음, 중저음, 중음, 중고음, 고음, 이렇게 다섯 가지의 첫 음정을 사용합니다. 이것은 어디까지나 화술연기를 잘하기 위한 저의 개인적인 경험에 의한 방법임을 말씀드립니다.

감은 음악의 비전문가인 거소 선생의 극히 주관적인 다섯 개의 첫 음정—키key—을 말씀하셨는데, 연기지망생들이 쉽게 음정을 찾아갈 수 있도록 피아노 건반을 통해 말씀해 주시겠습니까?

거소 감은 교수님은 언제나 연기지망생의 입장에서 요구하시는군요. 피아노의 가온다음의 건반자리가 저음이라 설정했을 때, 저음에서 두음이 높은 음정인 미음이 중음입니다. 중음에서 한 음 반이 높은 솔음이 고음입니다. 미음인 중음에서 한음이 낮은 레음이 중저음입니다. 중음에서 한음이 높은 파샾이 중고음입니다. 이 다섯 가지 음정의 자리는 고정된 것이 아닙니다. 연기자에 따라 피아노의 위치의 변화가 가능합니다.

감은 이 다섯 가지의 첫 음정은 연기자에 따라 피아노 건반 위치의 변화가 가능하다고요?

거소 그렇습니다. 연기자에 맞춰서 피아노 가온다음의 건반자리를 중음이나 다른 음정으로 설정할 수도 있습니다. 그러나 저음(도) 중저음(레) 중음(미) 중고음(파샾) 고음(솔)으로 저음에서 고음까지의 음가 차이는 고정되어 있습니다.

감은　그런데 거소 선생, 거소 선생은 스타니스랍스키의 시스템을 잘 못된 오류라고 하시면서 그의 다른 훈련방법들을 사례로 드는데 왜 그런 겁니까?

거소　저는 스타니스랍스키의 시스템으로 인해 10여년 고생했습니다. 그의 정서적 기억이나 감정과 심리에 의지한 연기방법과 『배우수업』에 화술연기에 대한 메소드가 없었던 것 등 말고는, 스타니스랍스키만큼 배우들의 연기술을 고민하고 연구했던 분이 그렇게 많지 않기 때문입니다. 그는 말년에 화술연기의 중요성을 깨닫고 나름 심오한 방법들과 고통과 괴로움 속에서 포기하지 않고 화술연기에 대한 답을 찾으려 최선의 노력을 합니다. 그래서 거장 스타니스랍스키를 존경합니다.

감은　넵, 알겠습니다. 화술연기에서 첫 음정키, key을 이용한 것은 어디까지나 엄지소리를 풍성하게 사용하는 방법이고 자연에서 받은 자기만의 성량과 음감을 최대 활용하는 것이네요.

거소　그렇습니다. 연기지망생이 화술연기에 실패하는 주요인이 열정이 앞서기 때문에 자신도 모르게 첫 음정을 높게 잡는데 있습니다. 한 음 정도 낮게 첫 음정으로 시작하는 방법을 선택하게 되면 안정된 화술연기를 할 수 있으리라 생각됩니다.

감은　명배우들이 화술연기를 잘할 수 있는 방법을 밖으로 드러내지 않고 자기들만의 고유의 권한인 것처럼 사용했던 숨은 방법을 이렇게 첫 음정을 이용하고 조율하여 연기지망생들이 화술연기를 좀 더 쉽게 구사할 수 있도록 지도해 주셔서 진심으로 감사드립니다.

3

즉흥극을 이용한 화술연기

감은 즉흥연기는 창조의 한 과정이다, 즉흥극의 목표는 연기를 피상
적이 아닌 깊이 있게 관찰하는 방법을 터득하는 데 있다고 말합
니다. 이 시간은 즉흥극을 이용하여 엄지소리를 구축하는 방법
에 대해서 말씀을 나눠보겠습니다.

거소 즉흥극은 가장 근본적인 연기훈련으로 서구에서는 창조적이고
생동감 있는 배우훈련으로 자리매김하고 있습니다. 그 기원은
고대 희랍시대에도 성행했습니다. 한국의 경우 전통 가면극 탈
춤과 판소리 등에서 즉흥극은 극예술 창조의 한 과정이었습니
다. 특히 많은 연기자들에게 즉흥극은 연기술을 구축할 수 있는
방법으로 이용되어 왔습니다.

감은 거소 선생이 말씀하시는 즉흥극은 연기자에게 어떤 연기 훈련입니까?

거소 즉흥극을 이용하여 엄지소리를 구축하는 겁니다.

감은 즉흥극을 통해서 자기 소리인 엄지소리를 구축한다고요?

거소 즉흥연기는 신체로부터 시작해 신체의 감각을 통해 연기되어 나아가는 외적인 연기라고 말할 수 있습니다.

감은 즉흥극을 잘하기 위한 어떤 규칙 같은 게 있습니까?

거소 즉흥극은 주어진 상황과 목적 안에서 연기되어야 합니다. 그러나 즉흥연기는 주어진 상황과 목적에서 벗어나지 않는 한 말과 행동을 자유롭게 구사하고 표현할 수 있도록 해주어야 합니다.

감은 주어진 상황과 목적 안에서 말과 행동이 자유롭군요. 즉흥극의 진행 시간에 대해서 말씀해 주십시오.

거소 즉흥극의 시간은 3분 이상 7분을 넘지 않아야 좀 더 질 높은 즉흥극을 할 수 있게 됩니다.

감은 즉흥극의 시간이 3분 이상 7분을 누가 정해 놓은 것입니까?

거소 절대적인 시간은 아닙니다. 즉흥극의 상황분석과 집중력이 뛰어난 후배들이 10분에서 15분이나 그 이상까지도 즉흥극의 시간을 늘릴 수도 있습니다. 하지만 연극 조상님들의 오랜 삶의 경험에서 나온 소중한 상속자산 같은 것입니다.

감은 조상님들의 소중한 경험에서 얻은 시간이군요. 즉흥극의 목표는 무엇입니까?

거소 즉흥극의 원래 목표는 피상적이 아니라 깊이 있게 관찰하는 연기술을 터득하는 데 있습니다. 이러한 깊이 있는 관찰은 장면 연기에 진정성을 높여 줍니다.

감은 즉흥극은 장면이나 상황의 본질적인 진정성을 추구해야 된다는 말씀입니까?

거소 그렇습니다. 즉흥극 연습에서 진정성이 결여된 연기는 이미 그 가치를 잃었기 때문에 즉시 중단 되어야 합니다.

감은 즉흥극의 연기에서 진정성이 결여되면 즉흥극으로서 가치를 잃게 되는군요. 즉흥극에서 진정성이란 어떤 겁니까?

거소 주어진 상황과 신체의 외적인 감각의 진실한 반응과 행동을 말하고 있는 겁니다.

감은 그럼 즉흥극은 어느 정도까지 연습되어야 하는 겁니까?

거소 즉흥극의 화술연기가 실제 무대공연 작품의 대본과 같이 자연스럽게 접목될 때까지 반복 연습해야 됩니다.

감은 즉흥극의 대사가 공연될 대본과 같이 자연스럽게 접목될 때까지요?

거소 그렇습니다. 즉흥연기의 대사와 공연할 작품 속 역할의 실제 대사가 자연스럽게 접목이 될 때까지 연습해야 됩니다.

감은 제가 알고 있는 즉흥극은 사전 계획 없이, 즉 미리 준비된 대본에 의하지 않고 배우 자신이 느끼는 대로 자유롭게 말하고 행동하는 짧은 극입니다. 그런데 미리 준비된 희곡 대사와 접목이 될 때까지 연습을 해야 한다는 말씀입니까?

거소 그동안 주위에서 보면 즉흥극을 즉흥극으로 그치는 경우가 대부분입니다.

감은 즉흥극을 즉흥극으로 훈련하면 안 됩니까?

거소 즉흥극을 통해 진정한 연기의 핵심이고 실체인 엄지소리를 발견하고 연기자들이 실제 무대공연작품의 희곡대사와 자연스럽게 접목시킬 수 있을 때까지 진정성 있게 훈련하는 것이 제가 추구하는 즉흥극을 이용한 방법입니다.

감은 즉흥극이 즉흥극으로 그치지 않고 준비된 희곡작품에 자연스럽게 접목시킬 수 있게 즉흥극을 이용한다는 말씀이군요.

거소 그렇습니다. 제가 생각하는 즉흥극의 목적은 즉흥극을 이용하여 엄지소리에 다가가고 희곡 공연작품을 엄지소리를 이용하여 성공적으로 공연하는 것입니다.

감은 거소 선생이 주장하시는 즉흥극 이용 방법에 대해 조금 더 구체적으로 말씀해 주시겠습니까?

거소 즉흥극의 주어진 기본재료는 공연할 대본입니다. 각각의 장면에 출연하는 배우들이 개인이나 그룹이 즉흥극으로 각각의 장면들의 상황을 연기하고 내용을 구축해갑니다. 전체 작품이 60분용이면 각각의 장면 시간을 6~7분씩 맞춰 10번 정도로 나눠서 즉흥극을 할 수 있게 합니다. 전체 작품이 120분용이면 각각의 장면을 20번 정도로 나눠서 즉흥극을 해나갈 수 있게 합니다. 단 주어진 상황과 목적에서 벗어나지 않는 한 말과 행동을 자유롭게 구사하고 표현할 수 있어야 합니다. 각 장면의 시간과 횟수는 작품과 배우들의 능력에 맞춰 자유롭게 조율할 수 있습니다.

감은 그러니까 개인의 즉흥극이나 그룹 즉흥극의 이용되는 기본 재료는 공연할 대본을 가지고 하신다는 말씀이신데요. 좀 더 자세하게 말씀해 주시겠습니까?

거소 공연할 대본을 기본재료로 3단계로 나눈 즉흥극 훈련입니다. 1단계인 묵언默言 즉흥연기와 2단계인 자유로운 대사 즉흥연기, 그리고 3단계인 희곡대사와 접목된 즉흥연기 훈련입니다.

감은 그럼 즉흥극 훈련 이전에 기본재료인 공연대본을 잃고 전체적인 상황과 부분적인 내용을 이해하고 있어야 되는 겁니까?

거소 그렇습니다. 공연대본의 대사암기가 아니라 전체적인 상황분석과 부분적인 흐름을 파악하는 정도로만 숙지합니다. 그리고 나눠진 각 장면에 출연하는 개인이나 그룹이 역할에 맞춰 1단계인 묵언 즉흥극을 시작하면 됩니다.

감은 1단계인 묵언즉흥연기에 대해 설명해 주세요?

거소 1단계인 묵언즉흥연기는 연기자가 희곡의 주어진 장면과 각각의 역할에 맞춰서 외적인 행동으로 말없이 리얼하게 표현하는 즉흥연기입니다. 여기서 주의할 점은 주어진 장면의 상황 안에서 사실적인 행동으로 묵언즉흥연기를 하는 겁니다.

감은   그러니까 묵언즉흥연기는 대본의 상황을 먼저 숙지하고 몸짓으로만 세세하게 사실적으로 연기하는 것이라고 말할 수 있겠네요. 그런데 대사를 하지 않고 묵언과 외적인 행동만으로 대본 분석 즉흥연기가 제대로 이루어질 수 있겠습니까?

거소   1단계인 묵언즉흥연기는 대본 분석에 기여하는 영향은 거의 결정적이라 할 수 있습니다. 묵언즉흥연기를 통해 작품과 역할들의 관계를 분석해야 합니다. 묵언즉흥연기를 가끔 지루한 과정이라고 잘못 생각해서 건너뛰려는 연기자들이 있습니다. 그래서는 안 됩니다. 충실하게 묵언즉흥연기의 과정을 거치면 2단계인 자유로운 대사즉흥연기에 소중한 재료들을 쉽게 구할 수 있게 되는 겁니다.

감은   묵언즉흥연기를 충실하게 수행하게 되면 2단계인 자유로운 대사의 즉흥연기의 재료들을 쉽게 구할 수 있게 된다고 하셨는데 그 재료들은 무엇을 말하는 겁니까?

거소   그 재료들은 바로 다양한 몸짓인 외적인 감각들과 리얼한 동작들입니다. 이러한 외적인 몸짓과 리얼한 동작들에 의해 자연적으로 2단계인 창의적인 대사들을 자유롭게 구술할 수 있게 되는 겁니다.

감은   2단계인 자유로운 대사즉흥연기에 대해서 좀 더 자세히 말씀해 주십시오?

거소   2단계는 1단계의 외적인 몸의 감각과 리얼한 동작들에 맞춰 자유롭고 창의적인 대사즉흥연기를 하는 겁니다. 진정성 있게요.

감은 그러니까 2단계인 즉흥연기는 실제 작품의 대사가 아닌 배우의 즉흥적이고 창의적으로 만들어낸 자유로운 대사를 말씀하고 있는 것이네요?

거소 그렇습니다. 주어진 장면과 상황에 맞는 즉흥연기는 1단계인 묵언 즉흥연기에서 내외적으로 축적된 언어를 신체로부터 시작해 감각들과 동작을 통해 연기되어 나아가는 외적인 화술연기가 되어야 합니다.

감은 즉흥극의 화술연기는 자기 소리를 구체적으로 확립하는데 있다는 말씀이군요.

거소 그렇습니다. 1단계의 묵언을 통해 2단계인 자기 소리를 구체적으로 구축해야 합니다. 그리고 희곡대사와 접목된 3단계 즉흥연기를 해야 됩니다.

감은 3단계인 희곡대사와 접목된 즉흥연기에 대해 말씀해 주세요.

거소 3단계인 희곡대사와 접목시키는 과정은 2단계의 과정을 성실하고 진정성 있게 실행한 연기자는 2단계에 구축한 즉흥적인 자기 소리를 3단계인 희곡대사와 쉽게 접목시킬 수 있게 됩니다.

감은 좀 더 구체적으로 말씀해 주세요.

거소 즉흥연기의 재료는 공연될 희곡작품입니다. 2단계인 자유로운 대사즉흥극의 핵심은 자기 소리로 말하는 겁니다. 이것이 자연스럽게 이뤄지면 3단계인 공연될 희곡 대사와 접목하는 겁니다. 이 과정에서 핵심은 진정성을 잃지 않고 자기 소리인 엄지소리가 자연스럽게 구술될 수 있게 외적인 감각에 집중해야 됩니다.

감은 그러니까 즉흥극의 1단계와 2단계를 성실하고 진정성 있게 임했다면 자연스럽게 3단계인 희곡대사와 접목된다는 말씀이시지요? 그런데 연기지망생이 나름대로 성실하고 진정성 있게 1, 2단계를 참여했는데 3단계와 접목이 어려워지게 된다면 어떻게 해야 되는 겁니까?

거소 그럴 수 있습니다. 1단계의 묵언 즉흥극과 2단계인 자유로운 대사 즉흥극이 본인의 의도와 다르게 진정성이 결여된 연습으로 진행될 수도 있습니다. 그렇게 되면 3단계인 희곡 대사와 접목이 쉽지 않을 것입니다. 곧 자기 엄지소리를 구축하지 못했다는 말씀과 같습니다.

감은 그럴 경우 어떻게 해야 되는 겁니까?

거소 주변에 도움을 요청하고, 1, 2단계를 다시 성실하게 그리고 진정성 있게 재도전하라고 말씀드리고 싶습니다.

감은 이렇게 여러 가지 방법을 제시하며 엄지소리를 구축할 수 있게 말씀하시는 것은 그만큼 엄지소리 구축이 쉽지 않다는 말씀으로 받아들여지기도 합니다.

거소 연기자의 핵심은 화술연기이기 때문에 그렇습니다. 곧 화술연기를 잘하게 되면 훌륭한 연기자가 될 수 있는 겁니다. 반대로 외모가 아무리 출중하고 시스템이 좋아도 화술연기가 되지 않으면 결코 훌륭한 연기자가 될 수 없습니다. 그리고 수많은 연기지망생들이 가장 힘들어하고 결국 이 벽을 넘지 못해 연기를 포기하게 만드는 것이 바로 화술연기입니다. 즉흥연기 1, 2, 3단계를 성실하고 진정성 있게 활용하면 나만의 엄지소리를 좀 더 빨리 구축하게 될 겁니다.

감은 더 이상 즉흥극이 즉흥극을 위한 훈련으로 그쳐서는 안 된다. 무대공연 될 대본을 가지고 침묵 즉흥극을 통해 상황을 분석하고 행동을 터득하고, 외적 감각을 통해 자유로운 대사를 진정성 있게 구술하고, 실제 공연될 대사와 접목하여 자연스럽게 엄지소리를 구축하고 구술되는 즉흥극 훈련이 되어야 된다는 말씀이었습니다. 거소 선생, 소중한 말씀 감사드립니다.

4

욕심 내려놓기

감은   욕심 때문에 전쟁과 다툼이 일어납니다. 사람은 더 많은 자원을 얻기 위해, 더 많은 번식을 하기 위해, 더 많이 누리기 위해서, 연기를 더 잘하기 위해서 욕심을 냅니다. 이 시간은 연기자의 욕심 내려놓기에 대해 말씀을 나눠보겠습니다.

거소   연기지망생이 자기 분수에 넘치게 연기를 탐내며 욕심을 냅니다. 이 욕심 때문에 연기자들이 수렁으로 빠지게 됩니다. 특히 화술연기를 잘하고 싶다면 연기의 욕심을 내려놓아야 합니다.

감은   욕심을 내려놓으라고요? 도의 길로 들어가는 것 같습니다.

거소   연기자에게 심리적으로나 외적으로 최대의 적은 욕심입니다.

감은 연기자가 연기의 욕심을 내지 않으면 오히려 문제가 되는 거 아닙니까?

거소 사람의 욕심은 행복을 만들 수도 있습니다. 그러나 사람은 욕심 때문에 불행해지는 경우가 대부분입니다. 특히 연기자들은 삶의 욕심이 많은 사람들이라고 말할 수 있습니다. 자기 자신의 삶만으로는 만족하지 못하고 다양한 역할로서 삶을 누려보고 싶은 정말 욕심이 많은 사람들입니다.

감은 연기자로서 다양한 역할을 좀 더 완벽하게 하기 위한 욕심이 왜 문제가 되는 겁니까?

거소 문제는 자기 분수를 모르고 연기를 탐내기 때문입니다. 자기 분수에 넘치게 탐내는 연기가 가장 큰 문제를 일으킵니다.

감은 자기 분수에 넘치게 탐내는 연기는 어떤 연기입니까?

거소 연기는 남에게 표현하여 보여주는 겁니다. 이때 자기 능력만큼만 보여주면 되는데 대부분의 연기지망생들은 자기 능력을 가늠하지 못하고 분수에 넘치는 욕심을 내게 됩니다.

감은 연기지망생이 자기 연기의 능력을 가늠하기가 아직은 쉽지가 않기 때문에 충분하게 시행착오를 경험하면서 자기 연기능력을 제대로 만들어야 되는 거 아닙니까?

거소 문제는 연기 경험이 쌓여도 많은 연기자들이 자기 연기능력을 냉철하게 가늠하지 못하고 자기를 능가하는 욕심을 낸다는 겁니다.

감은   연기자들이 맡은 역할을 잘하려는 것은 당연한 욕구인데 그러한 연기의 욕심도 내지 말라는 겁니까?

거소   자기 연기 역량을 무시하고 막연히 욕심 부리게 되면 좋은 연기를 보여 줄 수 없게 되기 때문입니다. 더 큰 문제는 자기가 연기에 욕심 부리고 있다는 걸 모르고 있다는 겁니다.

감은   혁! 연기자들이 자신도 모르게 분수에 넘치는 연기의 욕심을 부리고 있다는 말씀입니까?

거소   그렇습니다. 더 큰 문제는 지도자가 연기자에게 연기 욕심을 빼내라고 충고하면 자신은 연기의 욕심을 전혀 부리고 있지 않다고 항변합니다.

감은   왜 그런 상황이 발생하는 겁니까?

거소   첫 번째 원인은 연기자 자신의 마음과 육신을 의지대로 자유롭게 다스리지 못하고 있기 때문입니다. 그리고 두 번째 원인은 심리적으로 지금보다는 무조건 더 잘해야 된다는 압박감 때문입니다.

감은   첫 번째 원인인 연기자 마음과 육신만 자유롭게 다스릴 수 있다면 최고의 연기를 할 수 있을 것 같은데 어떻게 해결할 수 있는 겁니까?

거소   처음부터 연기에 타고난 천상의 배우는 육체와 심리를 자기 의지대로 자유롭게 다스리며 훌륭한 연기를 할 수도 있습니다. 그리고 일반적인 연기자는 오랜 시간 많은 무대공연작품의 실질적 경험을 통해 육체와 마음을 자유롭게 다스릴 수 있게 될 것입니다.

감은 오랜 시간 실질적인 경험을 통해서요? 그럼 두 번째 원인인 심리적인 조급함과 압박감은 어떻게 이겨낼 수 있는 겁니까?

거소 심리적으로 지금보다는 무조건 더 잘해야 된다는 압박감은 연기자의 대표적인 욕심이라고 말할 수 있습니다. 이것은 무조건 욕심을 내려놓아야 됩니다.

감은 무조건 욕심을 내려놓는다는 건 어떤 상태를 말씀하시는 겁니까?

거소 그냥 자기에게 있는 능력 그대로를 일상처럼 표현하라는 겁니다. 모든 욕심을 내려놓고 있는 그대로 사실적으로 표현하는 겁니다. 처음부터 타고난 배우의 능력도 사실은 자기 자신의 모습을 있는 그대로 표현했던 겁니다. 그래서 그는 천상의 배우라는 소리를 듣게 된 겁니다. 보통 연기지망생일지라도 욕심 부리지 않는다면 육체와 마음을 자유롭게 다스릴 수 있게 될 것입니다.

감은 오! 처음부터 천상의 배우가 되는 것은 욕심을 내려놓으면 가능하다 할 수 있군요? 그런데 사람이 욕심이 없었다면 세상이 지금처럼 발전하지 못했을 거 아닙니까? 연극도 욕심이 없었다면 지금처럼 연극이 발전하지 못했을 겁니다. 거소 선생, 그건 그렇지 않습니까?

거소 그렇지 않습니다.

감은 네? 그렇지 않다고요?

거소 사람의 욕심 때문에 세상의 과학문명은 지금과 같이 발전했습니다. 그러나 사람의 욕심 때문에 연극의 발전은 없습니다. 극장과 무대 메커니즘을 빼내면 연극은 발전이 없었습니다. 2천 5백여 년 전의 오이디푸스 왕이나 안티고네의 그리스연극이 오늘날의 연극보다 수준이 높았을 것이라고 저는 주장하고 싶습니다.

감은 연극은 사람의 욕심 때문에 2천 5백여 년 전보다 후퇴했다는 말씀이군요?

거소 그렇습니다. 그래서 연극은 욕심을 내면 안 됩니다.

감은 연기자가 욕심을 내면 무엇이 어떻게 달라집니까?

거소 연기자가 욕심을 내게 되면 자기도 모르게 몸에 힘이 들어갑니다. 몸에 힘이 들어가면 근육이 자기도 모르게 긴장하게 됩니다. 근육이 긴장하게 되면 예민한 내적 심리가 영향을 받게 됩니다. 그래서 연극이 후퇴하게 되는 겁니다.

감은 그럼 연기자가 욕심을 내려놓게 되면 어떻게 달라집니까?

거소 연기자의 의지대로 자기 자신의 육신과 심리를 자유롭게 다스릴 수 있게 될 것입니다. 연기의 욕심을 부리지 않게 되면 최소한 연기수렁으로 빠지는 것은 방지할 수 있게 될 것입니다.

감은 연기의 욕심만 부리지 않아도 연기수렁으로 빠지는 일은 없다고요?

거소 네. 그리고 자기의 모습, 자기의 화술연기가 하루 빨리 구축될 것입니다. 연기지망생이 욕심만 내려놓아도 하늘이 내려준 자기만의 외적인 매력과 내적인 향기가 세상을 향해 전해지게 될 것입니다.

감은   그럼 너나 할 것 없이 연기지망생은 욕심만 내려놓으면 되는 것 아닙니까?

거소   연기지망생이 욕심을 내려놓겠다고, 아니 욕심을 내려놓는다고 말로 했다고 해서 쉽게 욕심이 내려지는 것은 아닙니다. 마음과 육신이 연기의 욕심을 내려놓는 일이 결코 쉬운 일이 아니기 때문입니다.

감은   연기의 욕심을 내려놓는 것도 결코 쉬운 일이 아니라고요?

거소   그렇습니다. 본능적인 연기의 욕심은 연기지망생들이 쉽게 깨달을 수 없는 욕심이라고 말씀 드릴 수 있습니다.

감은   그럼 연기자의 본능적인 욕심까지 버려야 된다는 말씀입니까?

거소   사실 조금 더 잘해 보려고 하는 연기의 본능적인 욕심은 그렇게 나빠 보이지 않아서 잘 보이지도 않습니다. 그 정도는 자연스러운 것이라고 자신에게 합리화합니다. 그러다 보면 힘이 들어가고 긴장하게 되며 연기를 오버하게 됩니다. 내가 아닌 다른 인물이 연기하게 된다는 말씀입니다.

감은   아! 그러고 보니 마론 블란도의 연기에 대한 욕심 버리기가 생각나는군요. 마론 블란도는 "젊은 시절 연기를 가르쳐준 쟈콥 아들러는 내게 결코 잊을 수 없는 것을 가르쳐 주셨다. 그것은 항상 자기가 하는 것의 20%만 자제해라. 그러면 관객에게 진실로 다가갈 것이다. 그렇지 않고 자기가 주어야 할 것 이상을 주려하면 관객은 즉각 이를 알아차리게 된다"고 말했습니다. 이것도 연기자가 욕심을 내려놓는 것이지요?

거소 마론 블란도의 스승 쟈콥 아들러가 말한 20%의 자제는 무대공연을 두고 말하는 겁니다. 제가 말씀드리고 있는 것은 연습에서 역할의 성격을 분하는 과정의 욕심을 말씀드리는 겁니다. 연습 과정인 이때는 20%가 아니라 100%의 욕심을 내려놓으려고 노력해야 됩니다. 특히 연기지망생들은 연기의 욕심을 매순간 내려놓아야 합니다. 같은 작품을 반복하며 연습할 때라도 어제 모든 욕심을 다 내려놓았을지라도 오늘 연습 때도 매순간 새롭게 형성된 욕심을 내려놓아야 합니다. 인간의 욕심은 매순간 새롭게 부활하기 때문입니다.

감은 인간의 욕심은 매순간 새롭게 부활한다고요? 연기자가 욕심을 내려놓으면 어떻게 변화되는지 다시 한 번 말씀해 주세요?

거소 연기자가 욕심을 내려놓게 되면 마음과 육신에 불필요한 힘이 빠지게 됩니다. 그러면 자신의 진솔한 모습으로 연기할 수 있게 되는 겁니다. 그렇게 되면 화술연기도 자기 의지대로 자기의 소리로 연기할 수 있게 되는 겁니다.

감은 연기자가 육신에 불필요한 힘을 빼는 최고의 방법은 연기의 작은 욕심까지도 내려놓는 것이로군요?

거소 그렇습니다. 연기자가 연기 욕심을 내려놓는다는 것은 마음과 육신에 불필요한 힘을 빼는 작업이라고 다시 한 번 말씀드립니다.

감은 그 어떤 상황에서도 잘하려고 욕심내지 않고 편안하고 쉽게 연기하는 것이 불필요한 힘을 빼는 작업이다. 그럼 일상의 진솔한 자신의 모습으로 연기할 수 있게 되는 것이다. 연기자들이 명배우가 되고 싶다면 아주 작은 욕심부터 부리지 말아야 된다는 말씀 감사드립니다. 귀하고 평범하고 소중한 연기술 감사드립니다.

5

호흡

감은   호흡은 연기자에게 참으로 소중한 것입니다. 이 시간은 호흡에 대해서 말씀을 나눠보겠습니다.

거소   호흡의 들숨과 날숨의 첫 번째 원리는 생명을 유지하는 것입니다. 두 번째 원리는 목소리와 다양한 행동과 표현들을 만들어 내기 위한 겁니다. 특히 호흡은 화술연기와 밀접한 관계를 갖고 있습니다.

감은   맞습니다. 호흡은 생명 유지와 다양한 목소리와 행동을 표현해 내기 위한 것이지요.

거소   연기자에게 호흡은 가장 기본적인 것이지만 가장 어려운 것이라고 말하기도 합니다. 연극은 물론 TV 드라마, 영화, 성우, 아나운서, MC, 리포터 등에게 호흡은 똑같이 강조되고 있습니다.

감은   우선 일상의 호흡에 대해 말씀해 주세요?

거소   일상에서 인간은 무의식중에도 끊임없이 호흡하고 있습니다. 우리가 스스로 어떠한 정서를 느끼거나 혹은 발산하고 있는지 의식하지 못하는 순간에도 육신의 호흡은 진행되고 있습니다. 우리의 들숨과 날숨은 공포, 안도감, 불편함, 반가움, 어색함, 흥분, 불안, 걱정, 환희, 실망 등의 미묘한 심리적 변화를 감지하고 육신은 호흡을 그대로 담아내고 있습니다. 이것이 바로 일상의 자연스런 호흡입니다.

감은   그런데 왜 연기자들이 이 호흡 때문에 힘들어 하게 되는 겁니까?

거소   자연적이고 생리적인 일상의 호흡을 연기자가 의식적으로 전환시키려는 것 때문에 잘못된 호흡이 발생되는 겁니다. 곧 연기자가 호흡을 인위적으로 전환시키려고 노력하는 만큼 화술연기의 수렁으로 깊게 빠져들게 됩니다.

감은   무대 위의 연기자는 호흡을 인위적으로 만들어서 사용하려고 해서는 안 된다는 말씀이군요?

거소   과거에는 연기자들이 호흡량을 늘리기 위해 무대공연 중에 복식호흡이나 단전호흡 등을 이용하며 연기했던 적이 있었습니다. 하지만 그것은 오늘날 잘못된 호흡의 연기임이 드러났습니다.

감은   무대공연 중에 화술연기를 잘하기 위해 의식적으로 복식호흡과 단전호흡을 사용하는 것은 잘못된 호흡이라고요?

거소   그렇습니다. 공연 중에 화술연기를 잘하기 위해 인위적으로 복
식호흡과 단전호흡 등을 이용하는 것은 화술연기의 리얼리티와
자연스러움을 떨어뜨리는 잘못된 방법입니다.

감은   좋은 연기를 위해 연기자가 인위적으로 호흡을 조절하려고 해서
는 안 된다는 말씀이시지요?

거소   그렇습니다. 인위적인 호흡 안에서 자연스러운 화술연기는 절대
로 만들어낼 수가 없습니다. 연기자들이 호흡을 활용할 수 있는
범위는 자연스러운 호흡 안에서입니다. 그 어떤 순간일지라도
인위적으로 호흡을 조절하려고 시도하는 자체가 부자연스러움
을 드러내게 되는 것입니다.

감은   그럼 인위적이지 않은 자연스러운 호흡에 대해 좀 더 구체적으
로 말씀해주십시오? 그건 어떤 호흡입니까?

거소   환경과 육신에 맡기는 호흡입니다.

감은   환경과 육신에 맡기는 호흡은 어떻게 하는 겁니까?

거소   하하하! 자연스러운 호흡이지요. 이 세상에 태어나서 누군가가
특별하게 가르쳐 주지 않아도 어린아이는 본능적으로 엄마의 젖
꼭지를 찾아서 힘차게 빨아 먹습니다. 그러면서도 평온하게 호
흡합니다. 이런 호흡이 자연스러운 호흡입니다.

감은   아기들처럼 자연스런 호흡을 말씀하시는군요.

거소   아기를 사랑하는 부모는 아기의 울음소리만 듣고도 배가 고파서

우는 것인지, 응가를 해서 불편해서 그런 것인지, 아니면 몸이 아파서 우는 소리인지 금방 알아냅니다. 이것은 엄마가 아기에 대한 관심도 있어야 가능한 일이지만 사실 아기가 울음소리를 통해 자신의 생각이나 본능적인 감각들을 상황에 맞춰 표현해 내고 있기 때문입니다.

감은   그래서 울음소리만 듣고도 아기의 상태를 알 수 있는 것이군요.

거소   이러한 울음소리를 아기가 의도적이고 계산적으로 만들어낼 수 없습니다. 아기의 자연스러운 본능과 심리적인 호흡 속에서 표현되는 소리이기 때문이지요. 아기가 인위적으로 호흡을 조절하면서 표현하려고 한다면 절대로 이렇게 미세한 심리의 울음소리를 만들어 내지 못할 것입니다.

감은   연기자가 호흡을 인위적으로 하게 되면 자연의 섬세한 심리적인 표현을 할 수 없다는 말씀이군요.

거소   그렇습니다. 그런데 그동안 많은 연출자들이 화술연기를 지도하며 호흡의 중요성을 강조했습니다. '말을 하는데 호흡이 전부이다. 호흡을 조절할 줄 알아야 한다. 호흡을 길게 들이마셔라. 호흡을 길게 가지고 가야 한다. 호흡을 내려라. 호흡을 올려라. 감성의 호흡을 해라.' 등 연기자에게 인위적인 호흡 관리를 요구했습니다. 하지만 결국 그로 인해 수많은 연기지망생들을 화술연기의 수렁으로 빠지게 했습니다.

감은   연기자라면 긴 대사를 한 호흡으로 처리해야 하는 상황에서는 호흡을 길게 가지고 가면서 대사하는 훈련을 해야 하는 거 아닙니까?

거소 문제는 긴 대사를 하기 위해 호흡을 의식적으로 길게 들이마시고 길게 대사를 하는 것이 역할의 자연스런 상황과 심리적인 호흡하고는 거리감을 가지고 있다는 겁니다. 결국 화술연기의 수준이나 작품의 질이 떨어지게 하는 가장 큰 원인이 됩니다.

감은 그래도 긴 대사를 처리하기 위해서는 호흡을 길게 들이마시고 화술연기를 해야 될 것 같은데요?

거소 그런 호흡의 화술연기는 관객을 극장 밖으로 내쫓는 행위의 호흡입니다. 일반 사람들은 바닷물에 잠수하여 1분 정도 버티기가 힘이 듭니다. 그러나 바다에서 물질을 오래도록 했던 해녀들은 바닷물 속에서 3~4분 이상을 잠수하며 해산물을 따냅니다. 그만큼 호흡이 길다고 말할 수 있습니다.

감은 그것은 해녀들의 반복된 잠수의 경험과 생존 본능으로 폐활량이 커져서 호흡이 길어진 거 아닙니까?

거소 그렇습니다. 해녀들이 바다에 나가면 하루에 5시간 정도 물질을 한다고 합니다. 초보 해녀들은 하루에 5시간 이상 일을 하고 바닷물 속에서 3~4분 이상 잠수하며 해산물을 따낼 수 있을까요?

감은 당연히 초보 해녀들은 그렇게 할 수가 없겠지요.

거소 저 같은 경우는 여름에 해수욕장에서 수영하다가 밀려오는 파도에 휩쓸려 고꾸라지며 짜디짠 바닷물 한 모금 마셨는데도 정신이 혼미해지면서 순간 죽음의 공포까지 느꼈던 적이 있습니다.

감은 초보 해녀가 처음부터 바닷물 속에서 3~4분 이상의 잠수를 할 수는 없겠지요. 그리고 바닷물에서 5시간 이상 물질도 할 수 없을 거구요?

거소 그렇습니다. 초보 해녀가 3~4분 이상의 잠수를 하며 해산물을 잘 따내는 해녀가 되기 위해서는 우리가 알지 못하는 고통스런 순간들을 반복적으로 경험하며 이겨냈을 겁니다. 거친 파도와 검푸른 죽음을 머금은 바다의 공포를 넘어서기 위해 매순간 마음을 다잡으며 생존을 위해 잠수를 반복 또 반복하며 조금씩 더 깊은 바다 속으로 잠수해 들어갔을 겁니다.

감은 바다는 평화로워 보이지만 죽음의 아가리를 벌리고 있는 공포의 공간이기도 하지요. 특히 초보 해녀들에겐 그 공포가 더 할 거 같습니다.

거소 해녀는 생존을 위해 죽음의 공포와 싸우며 바다 속으로 반복하여 잠수해 들어가면서 조금씩 폐활량도 늘려갈 겁니다. 연기지망생도 호흡의 폐활량을 늘리기 위해서는 연극무대공연을 통해 무대 위의 공포를 온 몸으로 체험하고 극복하면서 역할의 외적인 감각을 통해 호흡의 폐활량을 자연스럽게 늘려갈 수 있어야 됩니다.

감은 연기지망생의 호흡도 관객을 두고 실질적인 무대공연을 통해 무대의 공포를 체험하며 자연스런 긴 호흡의 방법들을 조금씩 늘려갈 수 있도록 환경을 만들어줘야 한다는 말씀이군요.

거소 그렇습니다. 대학 4년 동안 실질적인 무대공연을 통해 연기지망생 스스로 호흡의 외적인 감각을 다지게 해야 합니다. 교실에 앉아서 부분적인 연기 훈련이나 인위적인 호흡훈련으로 대처하려 해서는 안 됩니다.

감은 배우가 인위적으로 호흡을 조절하려고 해서는 안 된다고 말씀을 하셨는데, 연출자 중에는 배우는 인위적으로 호흡을 조절할 수 있어야 한다고 강하게 주장하기도 합니다. 누구의 말이 맞는 겁니까?

거소 반복해서 말씀드립니다. 무대 위의 배우는 자신이 호흡을 하는지 안 하는지 의식하지 않을수록 더 좋은 연기를 할 수 있습니다. 특히 연기지망생은 호흡을 의식할수록 화술연기의 수렁으로 더 깊이 빠지게 됩니다. 연기지망생도 호흡을 조절할 수 있어야 된다고 주장하는 교만하고 오만하고 무지한 연출자가 아직도 활동하고 있습니다. 그러나 호흡을 조절하려고 해서는 안 됩니다. 일상에서 우리가 호흡을 조절하면서 말하려고 하지 않듯이 말입니다.

감은 그렇군요. 수많은 연기지망생들은 '일상에서 네가 말하는 것처럼 말하라'는 주문을 받고 일상처럼 말하려고 하지만 실제로 많은 연기지망생들은 호흡 때문에 화술연기의 수렁에 빠져서 허우적거리는 경우를 참으로 많이 보게 됩니다. 그럴 경우 연기지망생들에게 무엇을 어떻게 주문해야 되는 겁니까?

거소 그런 연기지망생은 우선 외적인 육신의 호흡기관을 확보해 주어야 합니다. 쉽게 말해 목구멍을 충분히 열라고 주문해야 합니다. 소리가 답답하거나 버벅거리는 연기지망생 대부분은 무대의 공포나 긴장으로 인해 자신도 모르게 목구멍을 닫고 있는 경우가 많습니다.

감은   자신도 모르게 목구멍을 닫고 있다고요?

거소   그렇습니다. 그렇게 되면 육신에 산소공급이 제대로 이뤄지지 않고 불필요한 이산화탄소가 쌓이면서 화술연기를 할 수 없게 됩니다.

감은   맞습니다. 어떤 연기지망생은 무대 위에서 숨을 쉴 수가 없다고 답답함을 호소하기도 합니다. 그런데 연기지망생이 어떻게 목구멍을 닫고 있는 겁니까?

거소   무대 위의 공포나 중압감으로 자기도 모르게 혀의 안쪽 등으로 연구개의 숨구멍을 막게 됩니다. 문제는 대부분의 연기지망생들이 자기의 목구멍이 닫혀 있다는 걸 의식하지 못한다는 거죠. 그냥 무대에만 올라가면 숨이 답답해지는 걸로 생각합니다. 그걸 깨우쳐 줘야 합니다.

감은   자신도 모르게 숨구멍을 막고 있군요. 연기지망생이 숨구멍을 충분히 열어서 의식적으로 호흡을 깊게 쉴 수 있도록 해야 된다는 말씀이군요.

거소   아, 그건 아닙니다. 연기지망생이 의식적으로 호흡을 깊게 하는 게 아니라 육신이 스스로 호흡을 쉽고 깊게 할 수 있도록 목구멍만 열어달라는 겁니다.

감은   연기지망생이 자기 목구멍이 열려있다고 쉽게 인지할 수 있는 방법을 설명해 주시겠습니까?

거소   우리가 높은 산을 쉬지 않고 오르게 되면 호흡이 차오르면서 본능적으로 육신이 숨을 깊게 쉬게 됩니다. 이때 들숨과 날숨이 쉽게 호흡할 수 있도록 우리는 목구멍을 크게 열게 됩니다. 이 상태가 목구멍이 열려 있는 상태라 할 수 있습니다.

감은 아! 우리가 산을 오를 때 숨이 차오르면 목구멍을 충분히 열어 주면서 자연의 공기를 마음껏 들이마시고 내쉬는 상태를 말씀하 시는군요.

거소 그렇습니다. 무대공연에서도 역할에 맞게 육신의 외적인 감각에 집중하며 목구멍만 충분히 열어주면 몸 속 곳곳에 산소가 충분 히 전달되며 활력 있고 생동감 있는 화술연기를 할 수 있게 될 것입니다.

감은 목구멍을 제대로 열어줘야 되는데 그럼 입을 크게 벌리고 연기 를 해야 되는 겁니까?

거소 연기자가 자기 목구멍을 의식하고 입술을 거의 다물고 조금만 열어 줘도 평온한 호흡을 할 수 있게 될 겁니다. 연기자의 호흡 은 심리와 행동의 중심 역할입니다. 그리고 역할의 외적인 감각 에 집중하는 호흡은 배우의 연기를 더욱더 사실적이고 생기 넘 치도록 해줄 겁니다.

감은 연기지망생에게 복식호흡이나 단전호흡 등 따로 호흡훈련은 할 필요가 없는 겁니까?

거소 연기자에게 복식호흡이나 단전호흡 등의 훈련은 필요합니다. 복 식호흡이나 단전호흡을 통해 명상에 잠길 수도 있습니다. 그러 나 그 어떤 호흡훈련도 호흡훈련일 뿐입니다.

감은 연기자에게 복식호흡이나 단전호흡훈련이 필요한데 호흡훈련은 호흡훈련일 뿐이라고 말씀하셨잖아요? 좀 쉽게 풀어서 말씀해주시죠?

거소 연기자에게 호흡훈련은 호흡훈련으로 그쳐야 된다는 말씀입니다. 그 어떤 상황에서도 연기자가 무대 위에서 호흡훈련을 이용해 연기하려 해서는 안 된다는 말씀입니다. 그렇게 하면 곧 화술연기의 수렁으로 빠지게 되는 겁니다.

감은 연기자가 호흡훈련을 무대 위에서 이용하려고 해서는 안 된다고 하셨는데, 그럼 왜 호흡훈련을 해야 되는 겁니까?

거소 호흡훈련을 무대에서 이용하여 대사를 하게 되면 그 때부터는 대사의 자연스러움과 멀어지게 됩니다. 곧 인위적인 호흡을 하게 되고 화술연기를 망치는 상황으로 가게 됩니다. 그러나 호흡훈련은 호흡훈련으로 끝내고, 무대공연에서 호흡은 전혀 의식하지 않고 역할의 외적인 감각에 집중하여 연기하다 보면 호흡훈련 했던 것들이 자연스럽게 심리적인 화학작용과 접목되어 좀 더 리얼하거나 확장된 화술연기를 할 수 있게 되는 겁니다.

감은 아! 호흡훈련은 해야 되지만 무대에서 호흡훈련을 의식적으로 이용하려고 하면 인위적인 호흡이 되어 연기를 망치게 된다. 그러니까 호흡훈련을 모두 잊고 역할 연기에 집중하다 보면 자연스럽게 심리적인 호흡과 접목되어 배우가 더욱 리얼하게 연기할 수 있게 된다는 말씀이군요?

거소 그렇습니다. 그래서 호흡훈련은 필요합니다. 그러나 연기자는 그 어떤 경우에서도 들숨과 날숨의 호흡은 육신의 외적인 감각과 함께 자연스런 호흡에 의지해야 합니다. 울음과 웃음, 두려움과 기쁨, 기대와 놀람, 헐떡임과 속삭임, 흐느낌과 한숨, 실망과 흥분은 곧 일상의 호흡 안에서 이루어지듯이 화술연기도 그렇게 진행되어야 됩니다.

감은 배우의 연기는 일상의 자연스런 호흡에서 이뤄지도록 해야 하는군요.

거소 좋은 연기는 외적인 느낌과 생각, 이를 표현하는 소리와 움직임이 조화를 이룰 때입니다. 몸 전체로 느끼고 행동하고 사고하고 노래하고 춤추는 상태, 즉 유기적으로 하나가 되기 위해 중심이 필요한데 그 연결 매개체가 바로 호흡이라고 말할 수 있습니다.

감은 호흡은 배우의 모든 행위의 중심 역할이라고요?

거소 우리가 하루 종일 일하고 집으로 돌아와 피곤한 육신과 정신을 포근한 침대 위에 누이고 휴식을 취한 다음 날 아침에 원기를 회복하고 나올 수 있는 것은 그 어떤 인위적인 사고나 의식적인 호흡에 의한 것이 아니라 육신과 호흡을 자연스럽게 두어야 육신과 정신이 새로운 기력을 회복할 수 있게 됩니다.

감은 연기자의 호흡은 심리와 행동의 중심 역할이다. 그 어떤 경우에도 호흡을 인위적으로 조절하려고 해서는 안 된다. 연기자들이 호흡을 활용할 수 있는 범위는 자연스러운 호흡 안에 있다. 목구멍을 열어주고 역할의 외적인 감각에 집중하는 호흡은 배우의 연기를 더욱 사실적이고 생기 넘치도록 해줄 것이라는 말씀 감사합니다.

6

발성

감은   이번 시간은 연극지망생들의 발성에 대해서 말씀을 나눠보겠습니다.

거소   갓난아기들의 목소리를 들어보면 작은 몸이지만 정말 큰소리로 웁니다. 아기의 울음소리는 아주 멀리까지도 잘 들립니다. 아기가 배가 고프거나 짜증을 내며 우는 소리와 심리적으로 불안을 느끼며 무섭게 우는 소리는 각각 다릅니다.

감은   아기의 울음소리는 정말 멀리까지 들리지요. 그리고 보니 아기의 울음소리가 발성의 시작이군요.

거소   아기가 짜증을 내며 우는 소리는 듣는 사람도 짜증스럽게 만듭니다. 아기가 공포스럽게 우는 소리는 듣는 사람도 정말 아기에게 무슨 일이 일어난 건 아닌지 심리적으로 불안하게 만듭니다. 그런데 신기하게도 정말 귀가 따가울 정도로 크게 소리 내어 울어도 아기는 목이 쉬지 않습니다.

감은 아기는 왜 목이 쉬지 않죠?

거소 사람은 본래 2옥타브에서 4옥타브까지 소리를 낼 수 있는 잠재성을 가지고 태어난답니다. 이런 음역에서 자신의 감정과 생각을 섬세하게 표현해낼 수 있는 능력을 가지고 있다는 겁니다.

감은 본래 타고난 음역을 찾으면 목이 쉬지 않겠군요.

거소 아기가 자라면서 복잡한 사회에 적응해 갑니다. 그러면서 부모와 가정 학교 직장에서 환경에 맞춰 무의식적으로 길들여집니다. 경쟁 사회에서 살아남기 위해 어릴 때부터 겪는 수많은 스트레스가 생활화되고 또 수많은 시행착오와 좌절이 마음의 문을 닫게 하기도 합니다.

감은 그래서 타고난 목소리와 발성기관이 쇠퇴하게 되는군요.

거소 주위를 둘러보면 육신은 성인이 되었는데도 목소리는 힘없이 작은 소리를 내고 있는 사람들이 더러 있습니다.

감은 제 주변엔 연기를 하겠다는 사람도 그런 사람이 있습니다. 배우에게 바람직한 발성에 대해서 말씀해 주십시오.

거소 본래 갓난아기 때 가지고 태어난 자유로운 발성기관의 상태로 되돌릴 수 있는 정도의 발성훈련을 꾸준히 해주면 됩니다. 절대무리한 발성훈련으로 타고난 발성기관과 목소리를 다치게 해서는 안 됩니다.

감은 맞습니다. 성대를 다치게 해서는 안 되는데 많은 연기지망생들이 잘못된 발성훈련으로 인해 오히려 자신을 수렁으로 빠뜨리는 경우를 많이 봐 왔습니다.

거소 가장 위험한 발성훈련은 어느 특정된 발성훈련을 통해 공장의 소시지처럼, 연기지망생들끼리 비슷한 목소리를 만들어가는 발성훈련입니다.

감은 좀 더 구체적으로 말씀해 주세요.

거소 여러 가지가 있는데 대표적인 것이 성악발성과 판소리 발성법입니다. 판소리는 반드시 목이 쉬는 과정을 거쳐야 합니다. 목이 쉬었다 풀렸다 하는 과정을 수없이 반복함으로써 얻어낸 성음입니다. 성악에서는 소프라노, 메조소프라노, 알토, 테너, 바리톤, 베이스 등으로 남녀가 각각 목소리를 3가지로 구분하여 내는 성악입니다.

감은 연기자의 목소리가 판소리나 성악가의 목소리처럼 되어서는 곤란하다는 말씀이시지요?

거소 그렇습니다. 성악 트레이너가 대학 연극과에서 연기지망생들을 상대로 발성훈련과 화술을 10여 년 지도하고서 깨달은 것이 연기지망생들에게 화술연기의 답을 만들어줄 수 없다는 고백을 들은 적이 있습니다.

감은　성악발성으로 다양한 인물의 목소리를 가져야 하는 연기자를 지도할 수 없지요?

거소　성악과의 학생들은 실기수업이 각 파트에 맞춰 개인지도가 충분하게 이루어지고 있습니다. 그리고 학생 실력에 맞춰 고강도 개인 트레이닝도 가능합니다. 그러나 연기지망생들에겐 성악발성도 기초적인 수준에 만족해야지 전문성악가처럼 발성훈련을 시켜서도 안 됩니다. 무엇보다도 연기지망생들은 개인지도보다는 실질적인 공연작품을 통해 경험하고 느끼고 체득하게 하는 것이 가장 중요합니다.

감은　연기지망생들에게 화술연기훈련은 무대공연 작품의 역할들과 함께 대사를 주고받는 현장 체험이 가장 필요하다는 걸 말씀하시는 거지요.

거소　그것이 연기자에게 실질적인 훈련이니까요. 어떤 발성지도자는 발성훈련만 잘하면 화술연기를 잘할 수 있는 것처럼 주장하며, 수많은 연기지망생들을 발성의 수렁으로 빠뜨렸습니다. 그들은 발성의 수렁에서 허우적거리는 연기지망생에게 발성훈련을 잘못하여 그렇게 됐다며 그 책임을 연기자에게 지우며 더욱 깊은 미지의 발성수렁으로 밀어 넣는 우를 범했습니다. 사실 연기자들의 화술연기를 방해하고 망친 주범이 바로 발성훈련일 경우가 많았습니다.

감은　발성훈련 때문이라고요? 아니 그럼 연극배우에게 발성훈련이 필요 없다는 말씀입니까? 그리고 연기자는 부드럽고 힘 있는 목소리를 가져야 하기 때문에 발성훈련은 필수 아닙니까?

거소 대부분의 연극지망생이 발성훈련을 하는 것보다 안 하는 것이 더 좋은 연기자가 될 수 있다고까지 말하고 있습니다. 그건 잘못된 발성훈련으로 인해 연기지망생들의 타고난 본연의 목소리를 다치게 하거나 개성을 죽이는 발성들을 하기 때문입니다.

감은 발성훈련이 오히려 연기자의 개성적인 목소리를 죽이게 된다고요?

거소 성악가들처럼 연기자들끼리 목소리 톤이 같아지는 현상이 발생되고 있다는 사실입니다. 무리한 발성훈련으로 연기자 개개인의 타고난 목소리를 죽이지 말고 부모에게 타고난 엄지소리를 제대로 표현할 수 있도록 해야 합니다.

감은 타고난 자기 소리와 개성을 죽이는 무리한 발성훈련이 문제군요. 발성기관 그러니까 소리가 어떻게 나는 것인지 발성의 과정에 대해 말씀해 주세요.

거소 발성은 들숨에 의해 호흡 기관에 저장되었던 공기를 의도적으로 성문 아래 모이게 하고 다시 날숨으로 압력을 가해 공기가 닫힌 성문을 지나 성대를 자극하면서 내는 소리입니다. 연기지망생들은 목소리 그 자체의 고유한 색깔과 개성을 살리는 발성훈련을 해야 합니다.

감은 연기지망생의 고유한 색깔과 개성을 살리는 발성훈련, 맞는 말씀입니다. 사람마다 얼굴 생김새가 다르듯이 목소리에 맞는 발성을 해야 되겠군요.

거소 얼굴의 생김새와 나만의 눈빛, 성대의 모양과 크기는 모두가 다르기에 자기만의 음색과 엄지소리를 찾아가는 것은 자연스런 이 치라 말할 수 있습니다.

감은 자기만의 음색과 엄지소리를 찾아가는 발성이요?

거소 사람마다 성대의 모양이 다르기 때문에 목소리가 굵고 가늘고 허스키한 울림의 차이를 나타내게 됩니다. 자기 목소리의 울림 과 음색을 진정으로 존중하고 사랑할 줄 알아야 자기 목소리를 보호 할 수 있게 됩니다.

감은 그럼 연기지망생 각각의 고유한 목소리를 찾는 발성훈련을 말씀 해 주세요.

거소 연기지망생 각각의 고유한 목소리를 찾는 발성법은 자기만의 자 연스런 발성훈련을 하는 것입니다.

감은 자기만의 발성훈련이요?

거소 발성은 '오직 수만 가지 독특한 소리만이 존재할 뿐'이라고 피터 브룩은 말하고 있습니다. 이 말은 똑같은 음질을 만드는 발성이 아니라 사람마다 각기 타고난 발성을 해야 한다는 의미입니다.

감은 자기만의 발성훈련도 어디까지나 고유한 목소리를 찾아서 화술 연기를 더욱더 잘하기 위한 것입니다. 자기만의 발성훈련을 구 체적으로 실기하는 방법에 대해서 말씀해 주세요.

거소 자기만의 발성훈련 법은 저음(도), 중저음(레), 중음(미), 중고음 (파솔), 고음(솔)음 등을 자유롭게 이용하는 훈련입니다. 발음기 호와 대사를 가지고 훈련할 수도 있습니다. 즉흥적인 대사를 만들어서 발성훈련을 할 수도 있습니다. 그 외 자기만의 방법을 사용할 수도 있습니다.

감은   자기만의 발성훈련 방법에서 특별히 주의할 점이 있습니까?

거소   자기만의 발성훈련에서 주의 사항을 4가지만 말씀드리겠습니다. 첫 번째는 하루에 30분 이내로 발성훈련을 해야 합니다. 두 번째는 목이 아프거나 쉬지 않도록 발성훈련을 해야 합니다. 세 번째는 발음을 명확하게 발성훈련을 해야 합니다. 네 번째는 아무 생각 없이 기계적으로 발성훈련을 하지 않습니다. 예를 들어 사랑을 고백하는 상황, 승리를 자축하는 상황, 이별을 통보하는 상황, 고통을 나누는 상황, 상갓집, 영안실, 법정, 결혼식장, 독서실, 야시장, 나이트클럽 등 어떤 상황의 정서나 감성을 가지고서 집중하여 발성훈련을 해야 합니다.

감은   자기만의 발성훈련은 상황의 정서나 감성을 함께 표현하는 것이군요. 마치 갓난아기처럼요.

거소   갓난아기는 자기 음역에서 자기의 생각과 감정을 매순간 섬세하게 표현해 내고 있습니다.

감은   자기만의 발성훈련은 얼마 동안 해야 하는 겁니까?

거소   6개월 이상 꾸준하게 해주시면 본래 갓난아기 때 가지고 태어난 자유로운 발성기관의 상태로 거의 되돌아갈 수 있습니다. 그리고 자기만의 발성훈련은 연기생활과 함께 꾸준하게 관리하며 나아가야 합니다.

감은 연기지망생이 자기만의 발성훈련을 꾸준하게 해주면 화술연기도 잘할 수 있게 되는 겁니까?

거소 호흡훈련과 마찬가지로 발성훈련도 어디까지나 발성훈련일 뿐입니다.

감은 발성훈련은 발성훈련일 뿐이라는 말씀은 어떤 의미입니까?

거소 발성이란 말은 발성훈련 할 때만 필요하다는 말입니다. 무대 위에서 연기할 때 발성이란 자체를 의식하거나 사용하려고 해서는 안 된다는 말입니다. 우리가 일상에서 말할 때 발성을 의식하며 말하지 않듯이 연기할 때도 발성을 조금이라도 의식하지 않고 일상처럼 연기해야 된다는 말입니다.

감은 연기지망생들이 무대공연 때 발성훈련을 하듯이 대사를 해서는 안 된다는 말씀이시지요?

거소 그렇습니다. 연기지망생들이 욕심을 부려서 발성훈련을 무대연기와 의식적으로 접목시키려고 하는데 그렇게 해서는 안 된다는 말씀입니다.

감은 발성훈련을 무대연기와 접목시켜서는 안 된다면 그럼 발성훈련은 필요 없는 거 아닙니까?

거소 신체의 발성기관이 제대로 훈련되어 있다면 연기자가 의식하지 않아도 연기자의 발성기관은 바르게 제 역할을 하게 될 겁니다. 훈련된 발성이 무대 위에서 의식적이지 않고 무의식적이거나 본능적으로 심리와 접목되어 연기될 때 관객은 그 연기에 집중하거나 진짜 같은 화술연기에 매료될 겁니다.

감은　연기지망생들이 자기에게 맞는 발성훈련법을 스스로가 만들어 가는 게 발성훈련의 답이라는 말씀이군요?

거소　그렇습니다. 그래야만 자연이 준 자기만의 매력적인 목소리로 연기할 수 있게 되는 겁니다.

감은　자기만의 발성훈련으로 자기만의 매력적인 목소리로 연기하는 것도 좋지만 대극장에서는 대사전달이 잘 안 되잖아요. 연극배우라면 극장 크기에 상관없이 발성을 제대로 해서 객석에 대사를 확실하게 전달해야 하는 거 아닙니까?

거소　연기지망생의 보이스의 개성과 느낌, 감성은 무시하고 오직 대사전달만을 위해 발성하는 것은 연극관객을 무시하는 것입니다. 연극무대로부터 관객을 내쫓는 행위라고 말씀드리고 싶습니다.

감은　대사 전달이 안 되는 연기는 죽은 연극이라고 생각합니다. 연극배우들의 대사는 마이크의 도움 없이 대극장에서도 객석의 맨 뒤 위층, 맨 뒷줄까지 전달이 되어야 합니다. 그래서 복식호흡, 단전호흡, 성악발성, 공명강 등을 이용하여 대사 전달이 잘 될 수 있도록 발성훈련을 했던 거 아닙니까. 그런데 자기만의 발성으로 어떻게 이 문제를 해결할 수 있겠습니까?

거소　20년 이상 연기생활을 해온 연극배우라면 소극장, 중극장, 대극장 공연을 막론하고 마이크의 도움 없이 연기할 수 있어야 한다. 목소리는 기본적으로 객석 구석구석까지 잘 전달이 되어야 한다고 배웠을 겁니다. 그러나 시대가 변했습니다. 무엇보다도 관객의 수준이 높아졌습니다. 연극도 이제 관객의 수준을 충족시키거나 넘어서야 합니다.

감은   관객의 수준을 충족시키거나 그 이상이 되어야 한다고요?

거소   그렇습니다. 시대에 뒤떨어진 발성훈련입니다. 더 이상 타고난 나만의 매력적인 목소리와 리얼리티를 죽이면서 무리하게 대사 전달에 매달려서는 안 됩니다. 더 이상 시대의 흐름과 연극의 발목을 잡는 잘못된 발성훈련은 추방시켜야 됩니다.

감은   잘못된 발성훈련은 추방시켜야 된다고요?

거소   극장의 상태를 고려하지 않은 채 무조건 연극배우의 목소리는 들려야 한다고 주장하는 것은 극히 비논리적이며 연극의 관객을 쫓는 행위이고 연극배우를 혹사시키는 것이며 현실에 맞지 않는 주장입니다.

감은   그래도 지금까지 그렇게 해왔지 않습니까?

거소   소극장공연에서 감미롭게 속삭이듯 사랑을 전하던 말이 대극장 공연에서도 맨 뒷좌석까지 감미롭고 속삭이듯 대사 전달이 되어야 한다는 압박감 때문에 연극배우는 소리를 크게 할 수밖에 없습니다. 당연히 리얼리티와 현실감이 떨어지고 거리감을 주는 목소리를 관객은 느낄 수밖에 없습니다. 목소리를 의식적으로 크게 높이지 않는 이상 대사는 객석의 맨 뒤 좌석까지 잘 들리지 않게 됩니다. 그렇게 목소리를 높이게 되면 자동적으로 배우와 관객의 친밀한 관계는 사라지게 되고 곧 관객은 연극으로부터 멀어지게 됩니다.

감은 그래도 관객에게 대사 전달은 되어야 할 것 아닙니까?

거소 큰 소리를 내기 위해 안간힘을 쓰는 것은 배우의 예리한 감정
세계와 목소리를 분리시키는 것입니다. 대극장의 음성으로 소리
를 던지는 것은 항상 세기가 너무 크거나, 속도가 느리거나, 비
감정적이게 만듭니다. 발음에 대한 지나친 강조로 어조와 리듬
은 통제되고, 과장되며 작위적인 것이 되어 버리는 것입니다. 대
극장의 연극적 화술은 현대 배우와 관객에게 전혀 도움을 주지
못합니다.

감은 관객을 내쫓는 연기란 말씀을 계속하고 계시는데? 연극배우들
중에는 소극장이든 대극장이든 관객을 압도할 수 있는 화술연기
에 자신이 있다고 말하는 배우들이 있지 않습니까?

거소 자신의 발성을 믿고 과시하는 연극배우는 이렇게 말합니다. 단
지 목소리만 높였을 뿐 자신의 연기는 달라진 것이 없다고 우깁
니다. 그러나 그것은 발성의 한계, 공간적인 한계 등으로 현실적
으로 불가능한 논리입니다. 자신을 객관적으로 보지 못하기 때
문입니다.

감은 그러면 어떻게 해야 됩니까?

거소 요즘 음향시설이 얼마나 좋아졌습니까? 연기자의 가벼운 숨소리
나 속삭임도 객석에 그대로 전달됩니다. 뮤지컬 배우들은 소극
장 공연에서도 무선 마이크를 사용합니다. 이제 연극배우에게도
더 이상 무리한 발성을 요구해서는 안 됩니다. 연극배우에게도
무선마이크를 사용할 수 있도록 해줘야 합니다. 이것이 배우를

보호하고 관객을 위하는 일입니다.

감은 연극배우들이 무선 마이크를 사용해야 된다고요? 영세한 연극제
작자는 무선마이크까지 사용할 제작비가 없습니다.

거소 관객을 내 고 연극배우들을 힘들게 하는 그런 연극을 제작해서
는 안 됩니다. 사실 중·대형 극장이나 대부분의 야외 공간에서
는 확성기 시설이 반드시 필요합니다. 아무리 풍부한 성량을 가
진 배우라 하더라도 몸에 무선 마이크를 달아야만 합니다. 그리
고 객석 곳곳에 스피커를 배치해야 합니다. 그래야 관객들을 모
을 수 있고 연극을 살릴 수 있으며 배우의 기량을 높일 수 있습
니다.

감은 연극배우의 기량을 높일 수 있다고요?

거소 대부분의 관객은 큰 목소리를 듣기 위해 연극장에 가는 것이 아
닙니다. 그들은 훌륭한 연기를 보고 듣고 삶을 깨치고 공부하기
위해 극장을 찾습니다.

감은 삶을 공부하기 위해 연극을 본다고요?

거소 과거 연극은 대극장에서 대사 전달력이 좋은 배우를 연기 잘한
다고 했습니다. 당시의 관객들도 대사전달이 잘 되는 배우를 보
면서 그런 대로 만족해했습니다. 하지만 지금은 시대가 바뀌었
습니다.

감은 시대가 바뀌었다고요?

거소 관객의 수준이 높아졌습니다. 요즘 관객은 TV연기나 영화 연기

를 봐 왔기 때문에 평가하는 수준이 전문가 이상입니다. 특히 영상연기의 빅 클로즈업으로 배우들의 미세한 표정의 변화나 눈빛 연기, 작은 호흡의 소리와 예리한 심리적 대사와 연기를 보고 그 배우가 연기 잘하는지 못하는지 바로 평가합니다. 관객의 수준이 이렇게 변화가 되었는데 연극은 중 대형극장에서 잘 보이지도 않는 표정연기로 대사전달을 위해 언제까지 소리만 질러대며 관객을 내쫓을 겁니까? 또한 연극배우도 부모에게 받은 엄지소리를 자유롭고 리얼하게 구사할 수 있게 해줘야 됩니다.

감은 시대 흐름에 맞춰 연극도 이젠 핀 마이크를 사용해야 된다는 말씀이군요.

거소 오늘날 연극배우들은 누구나 다양한 종류의 환경에서 연기에 적응할 수 있어야 합니다. 왜냐하면 어떤 배우라도 평생 연극무대에서만 연기해야 하는 배우는 없습니다. 간혹 텔레비전이나 영화 같은 매체에서도 일할 기회가 생기기 때문입니다.

감은 그럼요. 연극배우들이 TV 드라마나 영화연기도 해야지요?

거소 좋은 배우는 무대든 영화든 TV든 모든 매체에서 화술연기를 잘할 수 있어야 합니다. 그것은 곧 그들의 음성이 모든 매체에 적합한 연기를 해야 하기 때문입니다.

감은 시대의 흐름에 따라 연극배우도 핀 마이크를 사용해야 된다는 말씀 동의합니다. 더 이상 연기지망생들이 무리한 발성훈련으로 성대 결절이 오거나 쉿소리의 탁한 발성 등으로 힘들어 하지 않았으면 좋겠습니다. 부모님이 주시고 자연이 준 자기만의 매력적인 엄지소리를 찾아서 화술연기를 아름답게, 리얼하게, 감동적으로 발성할 수 있는 연기자들이 많아지기를 기원합니다. 거소 선생, 말씀 감사합니다.

7

신체훈련

감은   연기자에게 신체는 표현의 원천입니다. 연기를 잘하기 위해 끊임 없이 자기의 신체와 외적인 감각들을 분석하고 탐구해야 합니다. 연기자의 신체훈련에 대해서 간략하게 말씀을 나눠보겠습니다.

거소   신체훈련은 연기자가 끝까지 지속적으로 관리해야 할 평생의 과 정이라고 말씀드릴 수 있습니다. 폴란드 연출가 그로토프스키를 비롯한 많은 연극 예술가들이 인물 창조 전단계로 몸과 정신을 다스리는 신체훈련을 강조했습니다.

감은   몸과 정신은 연기자의 근본 재료이기 때문에 신체훈련은 연극입 문과 동시에 평생 동안 지속적으로 관리해야 된다는 말씀이군요?

거소 그렇습니다. 준비되지 않은 신체는 조율되지 않은 피아노와 같다고 말할 수 있습니다. 그런 피아노는 진정성 있는 음을 표현하지 못합니다. 늘어지고 깨지고 엉망이 된 혼란스런 소음들만 표현되기 때문입니다. 곧 배우는 악기인 동시에 연주자입니다.

감은 그럼 모든 연기지망생들은 한국무용이나 현대무용, 발레, 재즈, 검도, 택견, 기계체조 등의 도구를 이용하여 자기 신체악기를 만들어야 되는 겁니까?

거소 아닙니다. 모든 연기자들에게 획일적인 신체훈련을 시키는 것 또한 독특한 개인의 개성과 특성을 죽이는 행위가 될 수 있습니다.

감은 그럼 연기자 개인에게 맞는 신체훈련이 필요하다는 겁니까?

거소 그렇습니다. 신체훈련은 연기자 개인의 체력과 정신에 맞게 그 중심의 균형을 스스로 유지하며 진행되어야 합니다. 전문 무용가나 체조선수처럼 무리하게 훈련해서는 안 됩니다. 신체훈련을 위한 신체훈련이 되서는 안 됩니다.

감은 신체훈련을 위한 신체훈련이요? 아— 연기자의 신체훈련이 너무 과하여 오히려 연기자 자신에게 해를 끼치게 하는 신체훈련을 말씀하시는군요?

거소 그렇습니다. 신체훈련을 통해 오히려 연기를 망치게 되는 경우도 많이 발생됩니다. 그 원인은 신체훈련을 과하게 했거나 모든 종류의 신체훈련이 연기자에게 다 도움이 될 것이라는 잘못된 믿음 때문이기도 합니다.

감은   아 그래서 신체훈련을 하지 않는 것이 오히려 연기자에게 도움
이 된다는 말들이 나오는 거군요?

거소   신체훈련의 목표는 안정된 정서와 신체가 균형을 이룬 상태입니
다.

감은   그런 상태는 어떻게 훈련되어야 되는 겁니까?

거소   자기에게 맞는 신체훈련을 할 때 연기자로서 건강하게 생명도
길어질 겁니다.

감은   자기에게 맞는 신체훈련은 어떤 겁니까?

거소   그 어떤 경우라도 고유한 본성인 자아自我의 끈을 놓지 않고 신
체훈련을 하는 겁니다.

감은   고유한 본성인 자아의 끈이라고요?

거소   자아의 끈을 놓지 말라는 것은 이성의 끈을 놓지 말라는 것과
같은 말입니다. 그래야 안정된 정서와 신체의 균형을 지속시킬
수 있습니다.

감은   어렵습니다. 조금 쉽게 말씀해 주세요.

거소   자신의 길을 가라는 겁니다. 자기에게 맞는 신체훈련을 하라는
겁니다. 한국무용이나 현대무용, 발레, 재즈, 검도, 택견, 기계체
조 등을 연기술의 도구로 사용할 수 있을 정도의 기본과정을 습
득하고 그 도구들을 신체훈련이나 연기술에 응용할 때 나의 방
식대로 신체훈련을 하라는 겁니다.

감은 연기자가 자기의 방식대로 하고 싶어도 이게 나의 방식인지 남의 방식인지 구분하기가 쉽지가 않습니다. 그 기준이 될 수 있는 상태를 알려주시겠습니까?

거소 신체훈련을 하면서 매순간 나의 방식으로 시작하도록 노력해야 됩니다. 나의 방식의 핵심은 자아의 *끈*을 가지고 가는 겁니다. 그리고 고유한 본성을 일깨우는 나의 방식의 신체훈련을 통해 안정된 정서와 신체의 균형을 이뤄내야 됩니다.

감은 연기자들의 신체훈련이 연기술과 접목되지 못하고 그냥 신체훈련으로 끝나는 경우가 대부분입니다. 연기자들의 신체훈련이 연기술과 접목되는 신체훈련 방법에 대해서 말씀해 주시겠습니까?

거소 신체훈련은 연기자의 신체를 구속하는 것이 아니라 도리어 자유롭게 하기 위해서 필요합니다. 무대 위에서 신체를 자유롭게 하기 위한 드라마 신체훈련 방법을 말씀드리겠습니다. 참고하시고, 연기지망생 각자가 나만의 연기술을 개발하기 바랍니다.

감은 드라마 신체훈련이요?

거소 드라마 신체훈련을 통해 외적인 감각과 신체의 부분들을 분명하고 명확하게 느끼고 표현하고 의존하는 연기술을 터득하길 바랍니다. 신체의 외적인 감각이나 요소에 의존하면 분명하고 명확한 연기술을 구사할 수 있게 됩니다. 다양한 역할을 외적인 신체로 구축하는 것을 저는 '나의 연기술'의 핵심으로 간주하고 있습니다.

감은 드라마 신체훈련을 통해 외적인 감각과 요소들을 구축하라고요?

거소 무용, 체조, 발레, 택견 등을 연기자들의 자유로운 신체표현을 위해 소중한 도구로 이용할 수 있을 정도로 기본과정을 습득해야 합니다. 연기자의 신체훈련은 기본도구들과 함께 다양한 드라마 신체훈련이 행해져야 합니다. 이때 도구를 이용한 주요 핵심은 첫째, 묵언으로 진행됩니다. 둘째는 신체의 외적인 감각과 요소들, 행동 중심으로 표현해야 됩니다. 셋째는 모든 과정은 즉흥적으로 진행된다는 겁니다.

감은 드라마 신체훈련 방법에 대해 말씀해 주세요.

거소 드라마 신체훈련 방법은 개인 신체훈련, 팀별 개인 신체훈련, 팀별 그룹신체훈련 등이 있습니다.

감은 드라마 개인 신체훈련에 대해 말씀해 주세요.

거소 연기자 신체훈련의 도구 중에 택견을 이용한 드라마 개인 신체훈련 방법에 대해 말씀드리겠습니다. 택견의 기본 동작들을 이용하여 3분에서 5분 분량의 즉흥적인 상상의 드라마를 만들어 외적인 신체의 감각들을 최대한 활용하고 표현하는 훈련입니다.

감은 좀 더 구체적으로 설명해 주시겠습니까?

거소 드라마 개인 신체훈련은 연기자가 즉흥적으로 3분에서 5분 정도의 드라마를 구성합니다. 예를 들어 행복을 나눠주는 나비가 되어 바람을 타고 다니며 행복을 날갯짓에 담아 곳곳을 다니며 그 행복의 향기를 뿌립니다. 또는 난폭하고 성난 파도가 되어 모든 걸 삼킬 듯이 파도를 온몸으로 표현합니다. 모든 것은 선택된 도구인 택견의 동작으로 자유롭게 즉흥적인 드라마로, 묵언으로,

신체의 외적인 감각과 요소들을 중심으로 표현하는 신체훈련입니다.

감은 신체표현의 도구 중 택견을 드라마로 표현하는 신체훈련이군요. 그런데 드라마가 너무 추상적인데 현실적인 것도 가능하지요?

거소 당연합니다. 연기자 개인의 취향에 맞게 자유롭게 드라마를 구성하고 사용하는 겁니다. 외로움에 고통스러워하는 동네 건달이 관심받기 위해 의도적으로 주민들을 괴롭힌다. 또는 반복된 일상, 연극 연습하고 밥 먹고, 주인공이나 작은 역할로 공연하는데, 자기 연기술 때문에 또는 관객이 없어 힘들어하는 상황의 드라마를 택견으로 표현할 수도 있습니다.

감은 팀별 드라마 개인 신체훈련에 대해 말씀해 주세요.

거소 도구 중 한국무용을 선택했다면 기본 동작을 이용하여 3분에서 5분 분량의 즉흥적인 상상의 드라마를 만들어 신체로 표현하는 훈련입니다. 상대팀은 그 신체표현을 보고 연기자가 무엇을 표현하고 있는지 표현이 끝나면 알아맞히는 작업입니다. 1대 1로 드라마 신체표현을 하며 서로 대화를 할 수도 있습니다. 드라마의 내용, 어떤 특정 단어를 알아맞히는 작업이나 어떤 문장을 알아맞히는 작업도 가능합니다. 모든 것은 신체표현의 도구 중 본인이 선택한 한국무용의 동작으로 신체표현을 하는 겁니다.

감은 팀별 드라마 개인 신체표현은 상대팀이 신체표현을 보고 내용을 알아맞히는 작업이군요. 재밌겠는데요. 팀별 드라마 그룹 신체표현에 대해서도 말씀해 주세요.

거소 팀별 드라마 그룹 신체표현은 2명 이상으로 그 그룹의 신체표현을 보고 상대팀이 그 신체표현을 알아맞히는 작업방법입니다. 그러나 팀별 드라마 그룹 신체표현이 그룹 전체의 신체표현 도구가 동일하게 한국무용만 선택할 수도 있고, 그룹의 개개인의 신체표현 도구가 다르게 선택하여 신체표현을 할 수도 있습니다. 그러나 그룹이 표현하고자 하는 주제는 하나일 수 있고 팀원 각각의 주제를 표현할 수도 있습니다.

감은 팀별 드라마 그룹 신체표현의 도구가 개인이 다르게 선택하여 신체표현 할 때 한 가지 주제를 표현할 수도 있고 각각의 주제를 표현할 수도 있어서 그 표현 방법들이 재밌겠는데요?

거소 드라마 신체훈련은 공간지각, 주의 집중력, 관찰력, 감각적인 표현력을 크게 향상시킬 수 있는 연기자의 신체훈련 방법입니다.

감은 드라마 신체훈련은 연기술과 접목이 가능한가요?

거소 연기술과의 접목이 가능합니다. 삶의 두려움, 슬픔, 기쁨, 놀라움을 표현하는 방법은 사람마다 다르며 무수한 방법들이 있을 수 있다는 것을 우리는 잘 알고 있습니다. 연기지망생들이 드라마 신체훈련을 통해서 자기만의 외적인 신체 감각들을 지속적으로 성장발전 시킬 수 있는 방법이라고 생각합니다.

감은 화술연기도 외적인 신체훈련입니까?

거소 화술연기도 외적인 신체훈련으로 완성시켜야 합니다. 무대에서 간단한 움직임이나 말 한 마디도 일상처럼 전환시키기 위해서는 외적행동의 끝없는 반복이 필요합니다.

감은 화술연기는 말을 해야 하기 때문에 드라마 신체훈련이 적용될 수 없네요?

거소 아닙니다. 화술연기도 외적인 신체훈련입니다. 신체의 외적인 감각과 요소들, 행동중심으로 표현하기 때문에 드라마 신체훈련의 많은 도움을 받게 됩니다.

감은 화술연기도 신체의 외적인 감각에 의지하면 더욱 더 명확한 화술연기가 될 수 있다는 말씀인가요?

거소 그렇습니다. 신체의 외적인 감각들의 느낌과 진실한 정서를 통해 화술연기도 정확하게 해낼 수 있습니다. 외적인 신체로 느끼고, 신체로 말하고, 신체로 행동하며 신체의 외적인 감각에 의지할 수 있기 때문입니다.

감은 외적인 감각에 의지하기 때문에 화술연기를 정확하게 구사할 수 있겠군요?

거소 연기자의 화술연기도 지식을 토대로 아는 것보다는 외적인 신체로 느끼고 말하고 움직이고 서보는 것이 중요합니다. 머릿속에서만 간직해둘 것이 아니라 외적 감각으로 느끼고, 피부로 알고, 근육으로 움직여야 하는 것입니다.

감은 화술연기가 내적 정서의 표현이라고 했는데. . . 이제 화술연기가 외적 감각의 신체표현이라고 말할 수 있겠는데요. 외적 감각으로 느끼고 피부로 알고, 근육으로 움직이며 말하기 때문인가요?

거소 엄밀하게 말해서 연기자의 대사도 행동이라고 말할 수 있습니다. 연기자의 대사는 연기자의 입놀림－혀, 이, 입술－이라는 육체의 움직임을 통해 이루어집니다. 또한 연기자의 신체처럼 오랜 연습을 통해서만이 활용이 가능합니다.[4]

갑은　더 이상 연기자의 신체훈련은 신체훈련으로 그쳐서는 안 되겠군요. 자아의 끈을 놓지 않아야 안정된 정서와 신체의 균형을 지속시킬 수 있다. 드라마 신체훈련으로 연기자의 외적인 신체 감각들을 지속적으로 훈련하여 연기술이 더욱 더 깊고 넓게 성장 발전할 수 있도록 해야 된다. 화술연기도 신체행동이라고 말씀하셨습니다. 신체훈련에 대한 소중한 말씀 감사드립니다. 거소 선생, 수고하셨습니다.

---

4) 엄국천, 『배우 황철 연구』, 중앙대학교 석사학위논문, 1999, p.91.

2장

연기자에게
최고의
스승은
무대실연

8

대학에서 무대실연은
최고의 연기자와 스태프를 양성하는 길

감은   연기자와 스태프에게 최고의 스승은 무대실연이란 주제를 가지고 말씀을 나눠 보겠습니다.

거소   2,500여 년 전에 아리스토텔레스는 연기는 가르칠 수 없는 것이라고 말하고 있습니다. 그런데 많은 대학 연극관련학과에서 연기지망생들에게 연기를 가르치려하거나 또는 방임하고 있는 게 현실입니다.

감은   연기를 가르치지 말라! 방임하지도 말라! 그럼 어떻게 해야 되는 겁니까?

거소   대부분의 많은 대학의 연극관련학과에서 수많은 인재들을 뽑아

놓고서 제대로 교육하거나 간섭하지 않고 제멋대로 내버려 두고 있습니다. 방임하고 있는 것이지요. 무엇을 어떻게 해야 하는지 모르는 수많은 연기지망생들은 그렇게 귀한 대학 4년여의 시간을 스스로 알아서 찾아가려고 노력하지만 대부분의 학생들은 도태되고 있습니다.

감은 연극관련학과 학생들이 대부분은 도태되고 있다고요?

거소 연극관련학과를 졸업한 학생들 중 20%(실제 5%) 미만만 전공을 찾아 일하고 나머지 80%(실제 95%) 이상은 전공과 상관없는 일을 하거나 실업자가 된다고 합니다.

감은 연극관련학과 졸업생들의 현실은 졸업과 동시에 80% 이상이 다른 직업을 구한다고 하니 저도 학생들을 지도하는 교수로서 정말 부끄럽습니다.

거소 감은 교수님, 연극대학의 참 기능에 대해 말씀해 주시겠습니까?

감은 제가 연극대학 교수니까 말씀드려야겠군요. 크게 보아 대학은 두 가지 주요한 기능을 담당하고 있습니다. 첫 번째로 대학은 사회의 전문 인력을 양성하고 배출하는 기능을 담당합니다. 두 번째로 학문 연구의 장으로서 기능을 담당하고 있습니다. 물론 그 외에도 대학은 여러 가지 기능을 담당하고 있습니다.

거소 대학의 첫 번째 기능인 사회의 전문 인력을 양성하고 배출하는 이 한 가지만큼이라도 제대로 되어야 하는데 연극관련학과 현실은 전문연극인을 만들어 배출하지 못하고 있습니다.

감은 전문연극인 배출이요? 극단에 가서 스스로 전문가가 되어야지요?

거소 대학이 우수한 인재들을 뽑아 놓고 더 이상 그들을 방임하는 일이 있어서는 안 됩니다. 최소한 대학의 첫 번째 기능인 사회의 전문 인력을 양성하고 배출하는 기능만큼이라도 충실하게 수행되어야 합니다.

감은 그럼 거소 선생이 생각하는 연극대학의 첫 번째 기능인 사회의 전문 인력을 양성하고 배출할 수 있는 교육방법은 무엇입니까?

거소 많은 연극대학이 연기지망생들을 위한 실질적인 환경을 만들어 주지 못하고 있습니다. 그들이 스스로 전문가가 되기 위해 노력할 수 있도록 교육환경을 만들어 줘야 합니다.

감은 그들을 전문가로 만들 수 있는 환경은 어떤 겁니까?

거소 동적動的인 학과는 학생을 전문가로 만들기 위해 실기 중심의 교육을 합니다. 대학에서 피아니스트 지망생에게 연주를 반복 체험할 수 있게 환경을 만들어 줍니다. 요리사 지망생에게 다양한 요리를 직접 만들며 체험할 수 있게 환경을 만들어 줍니다. 연기지망생도 다양한 작품과 역할로서 무대공연을 체험할 수 있게 환경을 만들어 줘야 합니다.

감은 동적인 학과 연기지망생에게 무대공연을 체험할 수 있게 해야 된다는 말씀이네요?

거소 그렇습니다. 그건 너무나 당연한 교육의 기초 같은 것입니다. 그런데 수많은 연극대학에서 지망생들에게 그런 기초적인 교육의 환경도 만들어주지 못하고 있는 것이 현실입니다.

감은　그런 기초적인 기반도 만들어 주지 못하고 있다고 말씀하셨는데요. 좀 더 구체적으로 말씀해 주시지요.

거소　피아노 연주를 잘하기 위해서는 자세, 손 모양, 악보 보는 법 등의 것들도 중요하지만 바이엘, 체르니, 하농, 소나티네 등의 곡들을 반복하여 연주하는 것이 피아노 연주를 잘할 수 있는 방법입니다. 요리를 잘하기 위해서는 청결하게 설거지하고, 싱싱한 재료를 구하고, 재료를 다듬고, 칼과 불을 잘 다루고, 영양소에 대한 이론들을 연구하는 것도 좋지만, 다양한 요리들을 직접 만들어보는 것이 요리를 잘할 수 있는 방법입니다. 그러므로 연기지망생이 연기를 잘하게 하기 위해서는 발성훈련, 신체훈련, 화술훈련, 감성훈련, 장면훈련, 즉흥극훈련, 이론적인 연극사 등의 것도 좋지만 실질적인 무대공연을 많이 경험하게 해야 합니다.

감은　연극대학에서 무대공연을 정기적으로 올리고 있습니다.

거소　무대공연을 정기적으로 하고 있다고요? 1년에 1~2작품, 대학 4년 동안 4~8작품의 무대공연을 올리고 계신다는 말씀이시지요?

감은　대학에서는 무대공연뿐만 아니라 연기지망생에게 꼭 필요한 신체훈련, 화술훈련, 발성훈련, 감성훈련, 독백훈련, 장면훈련, 즉흥극훈련, 이론적인 연극사, 교양필수 등을 다양하게 교육하고 있습니다. 무엇이 문제입니까?

거소　피아니스트 지망생에게 자세, 손 모양, 악보 보는 법, 교양 등의 교육에 치중하고 1년에 겨우 1~2곡, 4년 동안 4~8곡 연주할 수 있게 교육하면 전문가가 될 수 있겠습니까?

감은   피아니스트가 꿈이라면 동네 피아노학원에 다니는 초등학생에게도 하루에 악보 몇 십 곡을 반복 연주시켜야지요. 그런데 대학에서 자세, 손 모양, 악보 보는 법, 교양 등의 교육만 하면서 1년에 1~2곡, 4년 동안 4~8곡만 연주시켜서야 되겠습니까? 그렇게 해서 피아니스트를 만들 수 없지요?

거소   연기지망생도 똑같습니다. 1년에 1~2편, 4년 동안 4~8편만 무대공연 체험하게 해서는 연극의 전문가가 될 수 없습니다. 무대공연을 4년 내내 쉬지 않고 체험하게 해야 된다는 말씀입니다.

감은   넵? 연극은 피아노하고 좀 다르지 않습니까? 독백훈련, 장면훈련, 즉흥극훈련, 화술훈련 등으로 심도 있게 대학교육이 이뤄지고 있습니다.

거소   독백훈련, 장면훈련, 즉흥극훈련, 화술훈련 등은 연극의 부분적인 것으로 연습이 과하면 연기지망생에게 오히려 해를 끼치게 됩니다. 냉철하게 말씀드려서 실제 무대공연과 접목되지 않는 부분교육은 불필요한 겁니다.

감은   지금 무슨 말씀을 하고 계시는 겁니까? 대학에서 독백, 장면, 즉흥극, 화술 등의 교육이 연기지망생에게 불필요한 교육이라고요?

거소   불필요한 교육입니다. 생각해 보세요. 피아니스트가 되기 위해 손 모양, 터치, 자세, 악보 보는 법 등만 공부하면서 4년 내내 교육하지 않습니다. 지망생이 곡을 직접 연주를 하면서 자기 손 모양과 터치의 감각, 자세, 악보를 보는 법 등을 실연을 통해 스스로 교정하며 연주의 기술을 발전시켜 나가는 겁니다. 그런데 연기지망생들은 독백훈련, 장면훈련, 즉흥극, 화술훈련, 신체훈련 등의 부분 연기를 반복하며 대학 4년을 보내고 있습니다. 이것은 연기지망생을 병들게 하는 교육입니다. 실질적인 무대공연을 통해 독백대사나 장면 연기를 생생하게 체험하며 스스로 연기술을 다지고 프로 연기자로 성장해갈 수 있게 해줘야 됩니다.

감은 꼭 무대공연을 통해서만 연기술을 다질 수 있습니까?

거소 춤을 잘 추고 싶다면 경연무대에서 춤을 많이 춰봐야 합니다. 무대연기를 잘하기 위해서는 무대공연에 많이 참여하여 스스로 체험하고 체득하게 해야 합니다. 아기를 낳아봐야 진정한 엄마가 될 수 있듯이 이것은 삶의 기초이고 상식입니다.

감은 요즘 영화나 TV 드라마의 배우들이 연기를 잘해서 세계 유명 영화제에서 연기상도 타고 TV 드라마도 해외로 수출까지 되고 있습니다. 그것은 그 동안 연극대학이 나름대로 잘 해왔기 때문인데……. 새삼스레 연극대학의 커리큘럼을 무대공연 중심으로 바꾸자고 하는데……. 정말 그 의도가 무엇입니까?

거소 그 의도가 뭐냐고요? 정말 몰라서 묻는 건 아니겠지요? 연기지망생 입장에서 또는 잘 모르는 대학교수의 입장에서 묻는 거겠지요?

감은 답변이나 해주세요.

거소 지금 연극이 사회로부터 어떤 대접을 받고 있는지 잘 아실 겁니다. 연극공연장 대부분은 관객이 없습니다. 연극인 90% 이상이

경제적으로 궁핍하게 살아가고 있습니다. 연극인으로서 더욱 힘든 건 연극이 언젠가부터 사회의 걸림돌 취급을 받고 있다는 겁니다. 연극인으로서의 마지막 남은 자존감마저 무너져 내리고 있는 현실이죠. 더 이상 방치해서는 안 됩니다. 이 문제를 해결해줄 수 있는 사람은 오직 연극인이기 때문입니다.

감은 연극인이 어떻게 해결한다는 말씀입니까?

거소 연극은 배우의 예술입니다. 연극의 핵심은 배우입니다. 연극이 사회를 리드하기 위해서는 훌륭한 배우가 많아야 합니다. 훌륭한 배우들이 출연하는 연극작품은 완성도가 높아지고 자연히 관객이 몰려오게 되어 있습니다. 연극대학에서 무대공연 중심의 교육으로 훌륭한 연기자와 스태프를 많이 양성해 내야지만 해결될 수 있다는 말입니다.

감은 연극대학 커리큘럼은 오랜 세월을 통해 만들어졌습니다. 그런데 갑자기 무대공연 중심의 교육을 말씀하시는데……. 그동안 연극 선배들 중에 연극공연 중심의 교육을 받았던 사례가 있었나요?

거소 연극배우로 출발하여 우리나라 근대극 발전에 선구적인 역할을 한 홍해성 연출가는 일본인 신극 배우 도모다 교스케友田恭助의 소개로 1924년 일본 신극의 본산지인 축지소극장築地小劇場에 입소하여 연기부에서 7년(만으로 6년) 동안 작품 110편에 배우로 출연하여 활발한 활동을 체험했습니다.[5] 그리고 1930년 6월 귀국했다고 한국 현대문학대사전에 소개되고 있습니다.

---

5) 네이버 한국현대문학대사전, 2004.

감은 홍해성이 연기지망생으로 축지 소극장에 입소하여 만으로 6년 동안 110편의 무대공연작품에 출연을 했다고요?

거소 그렇습니다.

감은 6년 동안 작품 110편의 무대공연에 배우로 참여하는 것이 가능한 일이라고 생각하시는 겁니까?

거소 저는 충분히 가능하다고 생각합니다.

감은 가능하다고요? 우리나라 연극대학에서 연극지망생들이 1년에 1~2작품, 4년 동안 4~8작품 무대공연을 체험하고 졸업하고 있는 것이 현실입니다. 그런데 6년 동안 110작품의 무대공연을 참여했다고요?

거소 그렇습니다. 90여 년 전에 홍해성은 연기지망생으로 시작하여 약 6년 간 110편의 작품에 배우로 출연했다고 기록되어 있습니다. 그러나 2016년도를 살아가는 대다수의 연극관련학과 계열 교수들은 6년 동안 110여 편의 연극작품 출연은 불가능하다고 생각할 겁니다. 그러나 저는 가능하다고 생각합니다.

감은 가능하다고요? 그럼 거소 선생이 생각하는 연극대학에서 1년에 몇 작품을 무대공연으로 올려야 되는 겁니까?

거소 연극대학에서 1년에 최소한 6작품 이상 4년 동안 24작품 이상 의무적으로 무대공연에 참여해야 대학 졸업이 가능하도록 해야 됩니다.

감은 뭐라고요? 1년에 6작품 이상 4년 동안 24작품 이상 무대공연에 참여해야 대학 졸업이 가능하게 한다고요?

거소 그렇습니다. 지망생과 교수들이 좀 피곤하겠지만 기존의 커리큘럼을 조금만 수정하여 진행하면 대학 4년 동안 연기지망생에 따라서 24작품에서 60여 작품 이상의 무대공연 체험도 가능합니다.

감은 기존의 커리큘럼을 조금만 수정해도 대학 4년 동안 24작품에서 60여 작품까지 무대공연을 체험하는 것도 가능하다고요? 대학에서 합숙하며 살아도 힘들 것 같은데요? 그건 불가능한 말씀입니다. 뭐! 밥 먹고 연극만 합니까?

거소 연극대학 4년 동안 밥만 먹고 연극만 할 수 있다면 그렇게 해야지요. 그래야 전문 프로연극인이 배출될 수 있습니다. 그리고 작품 연습과 공연일정을 따져보니 60여 작품 이상도 충분히 가능하다고 생각됩니다.

감은 대학 4년 동안 60여 작품 출연이 가능하다고요?

거소 대학 4년 동안 공연시간 30분 이상의 단막극만 출연할 경우 80여 작품 이상도 가능합니다. 단막극은 하루 3시간 정도 10~15일간의 연습으로 충분하기 때문입니다. 거기에 겹치기 출연까지 허용하게 되면 1년에 25작품 이상도 가능합니다.

감은 겹치기 출연까지 허용한다면 대학 4년 동안 100작품 출연도 가능하다는 말씀입니까?

거소 그렇습니다. 연기자들이 마음만 먹으면 2~3작품 이상도 동시에 연습하고 출연이 가능합니다. 1인 다역도 능력 있는 배우는 완벽하게 소화할 수 있으니까요.

감은　연기자 능력을 너무 믿는 거 아닙니까? 기존 커리큘럼을 조금만 수정하여 진행하면서 남는 시간을 활용한다는 건데 그건 현실적으로 너무 무리한 방법입니다.

거소　그래서 무리하지 않게 기존 커리큘럼을 무대공연 중심으로 변화시키자는 말씀입니다.

감은　무대공연 중심으로 커리큘럼이 변화되어야 한다고요?

거소　그렇습니다. 연기지망생에게 최고의 선물은 무대공연 체험입니다.

감은　연기지망생에게 무대공연 체험이 그렇게 중요합니까?

거소　러시아의 스타니스랍스키는 서너 살 때부터 무대에 섰습니다. 그는 첫 번째 무대공연의 경험을 생생하게 기억하고 있었습니다. "어디를 쳐다봐야 할지, 무엇을 해야 할지 알 수가 없었다. 그 후로 무대에 설 때면 행동을 찾지 못할까봐 두려웠다. 나에게 쏟아진 박수갈채를 잊을 수가 없다"[6]고 기술하고 있습니다.

감은　스타니스랍스키가 서너 살 때부터 무대공연을 체험했으니까 참으로 많은 무대공연을 체험했겠군요. 몇 작품 정도 출연했습니까?

거소　그의 책에는 주요 작품만 기록되어 있습니다. 일생 동안 수많은 연극에 배우로 체험했고 연출을 했으며 오페라까지 연출했던 경험이 있습니다. 그 덕분에 20세기의 연극 연기에 지대한 영향을 끼친 스타니스랍스키가 될 수 있었다고 저는 생각합니다.

감은　스타니스랍스키가 서너 살 때부터 어디를 쳐다봐야 할지, 무엇

---

6) 스타니스랍스키. 『나의 예술인생』. 강량원 옮김. p.16.

을 해야 할지 고민하기 시작했다고 했는데 그건 연기 선생의 가르침 때문입니까?

거소 그건 누구의 가르침으로 알 수 있는 게 아닙니다. 서너 살의 어린 아이지만 무대공연의 경험을 통해 스스로 느끼고 깨달은 겁니다.

감은 그래서 무대공연 체험이 가장 큰 스승의 역할을 하는 것이라고 말씀하고 계시는군요. 또 다른 사례가 있습니까?

거소 그는 『나의 예술 인생』에서 이렇게 말하고 있습니다. "작품 연습을 하루에 두 작품을 동시에 진행하기도 했다. 오전 11시에 시작되어서 오후 5시에 한 작품의 연습이 끝나고, 그 후에 배우들은 강으로 목욕을 하러 가거나 식사를 하고 휴식을 취한 다음, 오후 8시에 다시 모여 밤 11시까지 다른 작품을 연습했다. 아침에는 〈표도르〉나 〈쉐일록〉, 저녁에는 〈안티고네〉나 〈갈매기〉 등을 연습했다"[7]고 기술하고 있습니다.

감은 스타니스랍스키도 하루에 두 작품을 동시에 연습했군요. 그러고 보니 러시아의 스타니스랍스키나 일본의 축지 소극장의 홍해성은 실질적인 무대공연을 통해 그들의 연기술을 체득했다는 걸 알 수 있게 하는군요.

거소 연극계의 피카소Picaso, 극장의 시인이자 형식의 창조자인 메이에르홀드는 초창기에 스타니스랍스키와 네미로비치 단첸코의 제자로서 모스크바 음악연극학교에서 배우로 15개 이상의 작품

---

7) 앞의 책. p.340.

에 출연했습니다. 모스크바 예술극장에서는 18개 이상의 작품에 출연했다[8]고 기술하고 있습니다. 기록된 것만 1년에 여섯 작품 정도의 무대공연에 출연을 한 겁니다.

감은 메이에르홀드는 스타니스랍스키와 네미로비치 단첸코의 제자로서 1년에 6작품 정도를 출연했군요.

거소 다양한 연극작품에 출연했던 경험으로 얻은 연기의 기초가 연극계의 피카소Picaso, 극장의 시인이자 형식의 창조자로 거듭날 수 있게 했을 것입니다. 그 누가 뭐라 해도 연기지망생에게 최고의 스승은 무대공연을 통한 체험과 체득이라고 말씀드리고 싶습니다.

감은 어! 그러고 보니 스타니스랍스키와 네미로비치 단첸코가 제자들에게 무대공연 중심으로 교육을 시켰네요.

거소 그렇습니다. 스타니스랍스키와 네미로비치 단첸코는 제자들이 연기술을 스스로 찾아갈 수 있도록 무대공연 중심으로 연기교육을 시켰습니다.

감은 스타니스랍스키와 네미로비치 단첸코는 1년에 6작품 이상의 무대공연 중심으로 제자들을 교육시켰는데 왜 한국의 지도자들은 무대공연 중심으로 교육하지 않고 연기술의 일부분만을 가지고 연기지망생들에게 교육하고 있는 겁니까?

거소 스타니스랍스키가 걸어온 전체를 볼 수 없었고 그가 말하는 연기술의 부분만을 세심하게 집중했기 때문일 것입니다.

---

8) 이주영. 『연출가 메이예르홀드』. 연극과인간, 2005. p.45; p.56.

감은	스타니스랍스키가 제시한 부분 연기에만 집중했다고요?
거소	스타니스랍스키가 될 수 있었던 거, 메이에르홀드가 될 수 있었던 거, 홍해성이 될 수 있었던 거, 황철이 될 수 있었던 거는 다양한 무대공연의 체험과 체득의 결과가 있었기 때문입니다.
감은	그런데 문제는 스타니스랍스키의 『나의 예술 인생』이란 책이 출판되고 나서도 연극대학의 커리큘럼은 크게 변화되지 않았습니다. 그 이유가 뭡니까?
거소	그의 예술인생을 읽어보고도 몰랐을 수도 있고 알면서도 현실에 안주했을 수도 있습니다. 지금은 그게 중요하지 않습니다. 지금부터라도 연극공연 중심의 교육으로 변화시키면 됩니다.
감은	현재 대학의 연극관련학과들이 기존 커리큘럼을 무시하고 공연 중심의 커리큘럼으로 쉽게 바꿀 것 같지는 않은데요.
거소	학생들이 요구한다면 가능할 것이라고 생각합니다. 대학의 커리큘럼을 하루아침에 바꿀 수는 없겠지만 교수님들이 뽑은 유능한 학생들이 무대실연을 통해 최상의 연기력을 갖출 수 있게 되고 또 최상의 스태프로 성장할 수 있는 길을 막아서는 스승은 없을 것이기 때문입니다.
감은	현실은 오랫동안 유지해온 어떤 제도를 하루아침에 바꾸는 것이 그렇게 쉬운 일은 아니라는 게 문제죠.
거소	연극대학의 커리큘럼은 연극과에 맞게 수정되어야 합니다. 연극은 정적인 학과가 아니라 동적인 학과이기 때문입니다. 신체의

움직임인 체험과 경험으로 체득하여 이루어지는 학과입니다. 축구선수들이 축구장에서 주 수업이 이루어지듯이 연극과 학생들의 주 수업은 무대공연의 연습과 실연으로 이뤄져야 하기 때문입니다.

감은　연극과는 동적인 학과라는 것도 알고 있습니다.

거소　당장은 학생들과 교수님들이 힘들겠지만 교육부나 대학의 재단이 도와주며 함께 노력해야 합니다. 연극관련 학생들의 미래에 실질적인 도움이 될 수 있는 커리큘럼으로 변화시켜 실질적인 전문가들을 양성해 내야 합니다.

감은　당연히 전문가를 양성하는 대학의 커리큘럼이 되어야지요?

거소　대학에서 우수한 연기지망생들을 뽑아놓고 방치하고 있다는 문제, 연극의 본래 기능인 사회를 리드할 수 있는 연극이 되어야 하는데 걸림돌이 되고 있다는 문제, 아리스토텔레스는 연기는 가르칠 수 없다고 했는데 연기를 가르치려 한다는 문제, 이 세 가지 모두가 자연스럽게 해결될 수 있는 최고의 커리큘럼은 바로 무대공연 중심의 교육입니다.

감은　세 가지 문제가 한꺼번에 해결되겠군요. 그럼 연기지망생은 대학 4년 동안 의무공연인 24작품 이상의 무대공연에 참여해야만 졸업장을 받을 수 있게 된다는 말씀인데.

거소　그렇습니다. 1년에 6작품 이상으로 4년 동안 24작품 이상이 의무공연입니다. 연극대학 커리큘럼이 무대공연 중심으로 바뀌게 되면 곧 연기 잘하는 훌륭한 연극배우와 스태프들이 많이 배출될 겁니다. 그러면 연극도 경제력을 가지게 되고 사회의 리더로서의 역할을 하게 될 것입니다.

감은 아니 대학에서 훌륭한 연극배우와 스태프만 배출해 내면 자연적으로 연극이 경제력을 가지게 되고 사회의 리더로서 역할을 하게 된다고요?

거소 수준 높은 연극전문 극단을 만들고 육성시킬 수 있는 그 근본적인 동력은 연기력이 뛰어난 배우들과 준비된 스태프에게 달려 있기 때문입니다.

감은 연기력이 뛰어난 배우들과 능력을 갖춘 스태프들이 있다면 경제력은 자동적으로 해결되는군요? 거소 선생 말씀대로 최고의 무대공연엔 관객들이 몰려오니까요?

거소 연극을 좋아하는 관객들은 훌륭한 배우와 작품을 보고 극장을 찾아옵니다.

감은 그럼 연극대학은 연극지망생들을 훌륭한 인재로 양성하는데 총력을 기울여야 되겠군요?

거소 수준 높은 연극전문극단들이 만들어지기 위해서는 연극대학의 커리큘럼이 무대공연 중심으로 하루 빨리 바뀌어야 합니다. 그래야 연극이 개인과 사회와 국가에서 제 기능과 역할을 할 수 있게 될 겁니다.

감은 연극의 사회적 기능에 대해 말씀해 주세요?

거소 21세기의 연극은 더 이상 희로애락에 머물러서는 안 됩니다. 연

극의 사회적 기능은 개인과 사회와 국가의 실수를 줄여주는 거
울 역할을 바르게 할 수 있어야 됩니다. 특히 국민의 삶에 영향
을 끼치는 모든 분야를 상대로 각각의 전문성을 갖춘 연극 전문
극단을 만들어 관객이 극을 통해 자기를 돌아볼 수 있게 거울
역할을 충실하게 수행할 수 있어야 됩니다.

감은 연극 전문극단으로서 국민의 삶에 영향을 끼치는 각각의 분야에
거울역할을 통해 자기 모습을 관찰하게 해야 한다고요?

거소 국민의 기본의식을 일깨우는 거울역할입니다. 자본과 황금을 위
해서는 무슨 일이든 저지르는 끔찍한 사회, 자본의 논리로 사람
의 인권을 노략질 하는 사회, 예술가나 철학자가 존중받지 못하
는 사회, 전문가나 장인匠人들이 인정받지 못하는 사회, 판사를
믿지 못하는 사회, 사회적인 약자가 보호받지 못하는 사회, 불의
가 당당하게 승리하는 못된 사회, 연극을 통해 자기 자신을 스스
로 돌아보게 하고, 연극을 통해서 최소한 윤리와 도덕이 지켜지
는 사회, 사람이 사람을 믿고 서로 의지하며 살아갈 수 있는 사
회를 만들어 내야 합니다.

감은 국민의 삶에 영향을 끼치는 각각의 연극전문 극단들이 설립되어
운영되어야 한다는 말씀이군요.

거소 대한민국의 가장 큰 자원은 인재입니다. 연극관련학과의 기초적
인 무대공연의 교육이 성실하게 실천되어 우수한 연기자와 스태
프들을 배출해내야 합니다.

감은 대한민국의 가장 큰 자원은 사람이지요. 훌륭한 인재도 배출해

야겠지요.

거소 대한민국이 연극의 강국으로 우뚝 서서 사람이 존중받고 사람이 사람답게 살아갈 수 있는 세상을 만들어 내야 합니다.

감은 사람이 존중받는 세상이요?

거소 우리의 희망은 사람입니다. 세상을 추하고 악하게 만드는 것이 사람이라지만 그래도 세상을 지키고 아름답게 만들 수 있는 것도 사람입니다. 대학에서 훌륭한 인재를 많이 배출해야 합니다.

감은 지금까지 연기자와 스태프에게 최고의 스승은 무대실연이란 주제를 가지고 말씀을 나눠 보았습니다. 거소 선생의 말씀대로 대학 연극관련학과의 수많은 연극지망생들을 더 이상 방임, 방치하지 말고 무대공연의 실질적인 체험과 경험으로 체득하게 하여 훌륭한 배우와 스태프를 배출해 내야한다. 연극의 참기능인 사회와 사람의 안녕을 위해 연극대학의 커리큘럼이 무대실연 중심으로 변화되어야겠습니다. 거소 선생, 소중한 말씀 감사합니다.

9

제작과정과 교수와 지망생들의 다양한 의무

감은 연극학과 연극무대공연 중심으로 커리큘럼이 만들어졌을 때, 제작과정과 교수와 지망생의 다양한 의무와 창작공연 등에 대해 말씀을 나눠보겠습니다.

거소 성공적인 무대공연은 희곡의 선택이 중요합니다. 연기지망생도 희곡 선택을 잘하면 훨씬 성공적인 공연을 할 수 있게 됩니다. 프로 배우들도 희곡을 잘못 선택하면 공연이 실패할 확률이 높아집니다. 연극지망생과 연출은 희곡을 광범위하게 읽으며 좋은 희곡을 가릴 수 있는 안목과 고전의 희곡을 다시 소화하는 일도 게을리 해서는 안 됩니다. 특히 희곡의 공동창작에도 서로 머리를 맞대고 적극적으로 참여해야 합니다.

감은 좋은 희곡을 선택하는 안목, 고전 희곡을 다시 사용하는 능력, 새로운 희곡을 공동 창작하는 능력을 키워야겠군요.

거소 연극대학 교수는 연극학과 열람실에 학생들이 다양한 희곡을 열람할 수 있게 준비해 놓아야 합니다. 교수들이 연극대학의 분위기와 색깔에 맞게 학년마다 공연할 희곡 작품을 엄선해 놓아야 합니다. 그러면 1학년부터 4학년까지 학생들이 학년별로 단막극 50~100작품 이상, 장막극 50~100작품 이상으로 1학년에서 4학년까지 단막극 200~400작품 이상 장막극 200~400작품 이상을 선정하여 언제든지 열람하고 공연할 수 있게 해야 합니다.

감은 단막극 200~400작품, 장막극 200~400작품으로 총 400~800작품이 되는데 그렇게 많은 작품을 준비할 필요가 있습니까?

거소 필요합니다. 가능하다면 온라인과 오프라인을 통해 연기지망생들이 좀 더 쉽게 접근할 수 있도록 희곡의 종류나 희곡의 갈래에 맞춰 분류해 놓아야 합니다. 먼저 희곡의 길이에 따라 단막극과 장막극을 분류합니다. 그리고 각각 내용에 따라 비극, 희극, 비희극, 통속극, 부조리극으로 분류하고 내용의 특징에 따라 심리극, 운명극, 사회극, 영웅극, 계몽극, 종교극, 사극 등으로 연기지망생이 쉽게 열람할 수 있도록 분류하여 비치해 두어야 합니다. 그리고 매년 새로운 희곡을 더 첨부해야합니다.

감은 장막극과 단막극 연습시간에 대해서 말씀해 주십시오.

거소 작품의 연습시간은 희곡에 따라서 달라지기도 하고 또 연기자나 연출가의 능력이나 경험에 의해서도 많이 달라집니다. 프로 연출가나 연기자들은 어떠한 연습시간이 주어지든 그것을 충분하게 느낀 적이 없다고 말하고 있습니다. 곧 예술의 완성도는 끝이 없다는 말입니다.

감은 장막극과 단막극의 일반적인 연습시간에 대해 말씀해 주십시오.

거소 일반적으로 장막극長幕劇의 경우 하루 평균 6시간씩 30일 간 연습을 합니다. 시간으로 보면 180시간에서 200시간 정도는 연습해야 됩니다. 단막극短幕劇인 경우 하루 3시간씩 10일에서 15일 정도 부족할 때 20일 간 연습을 할 수 있습니다. 시간으로 보면 30시간, 45시간, 60시간 정도 연습하게 됩니다.

감은 단막극과 장막극의 공연시간에 대해서도 말씀해 주세요.

거소 당연히 희곡에 따라 다릅니다. 드라마 사전에 따르면 단막희곡 one act play은 1막으로 20분에서 50분 정도의 짧은 극을 말합니다. 장막극은 1막~2막은 1시간 생각하면 되고 1막~3막은 1시간 30분, 1막~4막은 2시간 정도 소요됩니다. 물론 작품에 따라 그 이상이나 이하로 소요될 수도 있습니다.

감은 30분 정도의 단막극일 경우 10일에서 15일 정도면 되니까 한 달에 두 작품무대공연도 가능하겠군요.

거소 30분의 단막극일 경우 한 달에 두 작품 공연은 넉넉하게 할 수 있습니다.

감은 여러 팀이 동시에 공연할 경우 연극대학의 극장 대관 문제가 발생할 수도 있겠는데요?

거소　대학에 연극학과가 있다면 연극전용 소극장과 대극장이 각각 1개 이상은 있을 것입니다. 교수님과 4학년 학생들이 학년별, 단막극과 장막극, 창작극 등 공연일정을 세부적으로 만들어 대관이 원활하게 이뤄지도록 해야 됩니다.

감은　준비한 무대공연이 겹치지 않게 대관 운영을 잘해야 되겠군요.

거소　교수님과 4학년은 연극학과 학생들이 연극공연이 극장의 대관 문제로 미뤄지거나 못하는 일이 없도록 책임감을 가지고 대관 운영을 진행해야 됩니다.

감은　작품 제작의 과정과 연출과 연기자의 관계 등에 대해서 말씀해 주세요.

거소　작품 제작의 모든 과정은 연기지망생 중심으로 이뤄집니다. 연기자와 연출의 관계는 언제나 수평적 관계가 원칙입니다.

감은　작품 제작에 있어서 대학과 교수들이 해야 할 일은 무엇입니까?

거소　매 학기 학년별로 조를 나눠주고 팀을 구성할 수 있도록 지도해 줘야 합니다. 연극학과 연기전공과 연출 전공 학생이 학년 별로 40명이라 가정하면 1학년에서 4학년까지의 총 학생 수는 160여 명입니다. 휴학과 군대문제 등으로 인원의 변동이 있을 수 있음을 배제하고 말씀드린 겁니다.

감은　그러니까 각 학년의 학생이 40명일 때 1학년부터 4학년까지 총 학생 수는 160명이 되겠군요.

거소　그렇습니다. 연출전공자도 연기전공자와 같이 2학년까지는 연기자로서 무대활동을 하는 걸 원칙으로 정합니다. 그리고 3, 4학년 때는 연출자로서 활동하게 됩니다.

감은 연출전공자도 1~2학년 때는 연기전공자와 똑같이 연기자로서 활동해야 된다는 말씀이군요?

거소 그렇습니다. 학기가 시작되면 교수님들께서 각 학년 40명 학생들을 20명씩 가조와 나조로 나눠, 한 학기 동안 조별로 움직이게 합니다. 그리고 각 조는 다시 팀별로 나눕니다. 희곡 작품에 따라 각조는 1팀, 2팀, 3팀, 4팀 등으로 나눌 수 있습니다.

감은 새 학기에 정해진 각 조는 한 학기 동안 함께 활동하며 작품에 따라 팀별로 나눠져 연극공연 활동을 하게 되는군요?

거소 그렇습니다. 희곡 작품에 많은 사람이 등장하게 되면 한 조로도 활동할 수도 있게 됩니다.

감은 30~40명이 나오는 대작일 경우 한 학년이 팀일 경우도 있겠는데요?

거소 그렇습니다. 그럴 경우는 나눠진 조가 합해져서 1팀으로 움직이게 됩니다. 그리고 다음 작품에는 나눠진 조로 다시 돌아갑니다. 대작은 2학년부터 참여하는 걸 원칙으로 정합니다.

감은 각 학년의 팀별 연출은 누가 맡아서 해야 하는지 말씀해 주세요?

거소 1학년들의 팀별 연출은 경험 많은 4학년의 연출 전공 학생들이 맡는 걸 원칙으로 정합니다.

감은 그럼 2학년의 팀별 무대공연의 연출은요?

거소   연극대학 2학년의 무대공연 연출은 팀의 공동연출로 하는 걸 원칙으로 합니다. 무대공연 작품에 참여하는 모든 팀원은 연기와 연출, 스태프의 일을 공동으로 해결하며 공연을 올려야 합니다.

감은   2학년 때 의무공연 6작품을 팀의 공동연출로 공연한다고요?

거소   그렇습니다. 2학년 때 의무공연 6작품은 팀의 공동연출로만 공연되어야 합니다. 공동연출의 핵심은 팀원의 자유로운 의사표현으로 상대를 진정으로 존중하고 배려하며 공동연출의 장점들을 살릴 수 있다는 것입니다.

감은   공동연출, 정말 어렵고 재미나겠는데요. 그럼 3학년 때 의무공연 팀별 연출은 누가 맡나요?

거소   3학년 의무공연 연출은 3학년의 연출전공자들이 하는 걸 원칙으로 합니다. 상황과 때에 따라서 연출 2명이 1작품을 공동으로 연출할 수도 있습니다.

감은   연출 2명이 한 팀의 작품을 공동으로 연출한다고요?

거소   연출 2명이 한 팀의 작품을 공동으로 연출을 맡아 무대에 올리는 방법도 탄탄한 무대공연을 올릴 수 있는 한 방법입니다.

감은   정말 재밌겠는데요. 4학년의 의무공연 6작품은 누가 연출을 맡아 하는 겁니까?

거소   연기지망생 4학년의 의무공연 6작품의 연출은 팀원들의 공동 발의로 자유롭게 결정하여 공연할 수 있습니다. 4학년의 연출전공자 중에서 선택할 수도 있고, 다양하고 창의적인 방법의 공동연

출도 가능합니다. 대학교수님이나 외부연출자를 섭외하는 것도
가능합니다. 단 외부연출은 무료로 하는 것을 원칙으로 합니다.

감은 대학 4학년 연극지망생들은 연출자를 외부에서도 섭외가 가능한
데 무료로 해줄 수 있는 분을 선택해야 되는군요.

거소 대학 4학년 연극지망생의 6작품은 팀원들의 자유의지로 작품 제
작과정이 이뤄지며 무대공연 수준이 프로극단을 능가하는 격 있
는 공연이 될 수 있도록 준비되어야 합니다.

감은 1년 동안 의무적으로 꼭 참여해야 하는 공연 작품이 6작품이라
고 하셨는데 언제 하는 겁니까?

거소 1학기 3월, 4월, 5월, 6월까지 3작품과 2학기 9월, 10월, 11월, 12
월까지 3작품으로 1, 2학기 동안 6작품은 의무적으로 공연에 참
여해야 됩니다.

감은 연출 전공 학생은 3학년부터 연출 작품에 참여해야 되는데 1년
에 6작품 이상 연출자로 참여해야 되는 겁니까?

거소 연출 전공 학생도 3학년부터는 1년에 의무적으로 6작품 이상은
연출해야 4학년으로 진급할 수 있고, 4학년 때도 6작품 이상 연
출해야 졸업할 수 있게 됩니다. 방학 기간인 1, 2월과 7, 8월에도
연출에 참여해도 됩니다.

감은 연기지망생은 1년 동안 1, 2학기에 조로 나눠지고 팀별로 나눠
져서 의무공연인 6작품은 꼭 참여를 해야 하는데 작품의 내용에
대해 말씀해 주시겠습니까?

거소   각 학년의 의무공연 6작품 중에는 2작품은 공동창작 공연을 해
야 합니다. 대학 1, 2학년 팀에겐 교수님이 부여한 주제에 맞게
팀원들끼리 공동으로 창작해야 할 작품이 1년에 2작품입니다.

감은   학년별로 2작품을 공동창작으로 공연해야 된다고요? 그러니까
팀원들끼리 공동으로 희곡 작품을 직접 만들어서 공연을 해야
한다는 말씀이시지요? 어떤 작품을 어떻게 공연해야 하는지 자
세히 말씀해 주세요?

거소   1년에 의무공연 6작품 중 4작품은 단막극 공연, 2작품은 장막극
2막 이상의 공연이어야 합니다. 1학기에 단막극 1작품, 장막극 1
작품, 단막(장막)공동창작극 1작품을 공연해야 합니다. 2학기에
도 단막극 1작품, 장막극 1작품, 단막(장막)공동창작극 1작품 공
연을 의무적으로 공연해야 합니다. 대학 4년 동안 의무 무대실
연 작품은 24작품 중에 공동창작 공연은 8작품이 되어야 합니
다. 극장 대관이 원활하게 이뤄질 수 있도록 2학년부터는 단막
장막 창작극의 순서를 조율해야 합니다.

감은   의무적으로 공연해야 하는 단막(장막)공동창작극은 어떤 걸 말
하는 겁니까?

거소   연극학과 1, 2학년 각 팀에 맞는 주제를 교수에게 받아서 팀원이
공동 창작을 해야 됩니다. 대학 3, 4학년은 팀원이 머리를 맞대
고 주제를 자유롭게 정하고 처음부터 끝까지 공동 창작하여 공
연해야 하는 단막극이나 장막극을 말하는 겁니다.

감은   단막(장막)공동창작극의 주제를 대학 1, 2학년은 교수들이 내준

다고 하셨는데 어떤 주제를 내는 겁니까?

거소 좌로나 우로 치우치지 않는 정치문제, 경제문제, 법률문제, 교육문제, 언론문제, 의료문제, 인권문제, 예술문제 등의 주제를 줘야 합니다.

감은 연극학과 1, 2학년 연기지망생에게 공동창작극 주제를 교수가 줘야 한다는 말씀을 조금 이해할 것 같습니다.

거소 연극학과 1, 2학년 지망생에게 교수들께서 주제만 정해줘도 좀더 쉽게 공동창작을 할 수 있게 될 겁니다. 그리고 대학 3, 4학년은 공동창작 주제를 자유롭게 선택하여 창작할 수 있게 해줘야 됩니다.

감은 그럼 각 학년의 팀 연출과 배역 캐스팅은 누가 하는 겁니까?

거소 1학년 1학기는 교수가 각 팀의 연출을 4학년 연출전공자 중에 지명해 줍니다. 1학년 2학기 때부터는 지망생이 4학년 연출자 중에 직접 선택할 수 있게 해줍니다. 4학년 연출자들은 그동안 연출한 작품과 이력을 1학년 지망생들이 검토할 수 있도록 학과 게시판에 제공해야 합니다.

감은 1학년 2학기부터는 지망생들이 자기 팀에 맞는 4학년 연출가를 직접 선택할 수 있군요. 그럼 팀의 캐스팅은 연출자가 하는 겁니까?

거소 작품의 배역 캐스팅은 팀원의 자유로운 투표로 하는 걸 원칙으로 합니다.

감은   팀원이 어떤 방법으로 자유롭게 캐스팅한다는 겁니까?

거소   연출이나 공동 진행으로 배우들이 하고 싶은 역할에 도전하면 전체 팀원의 무기명 투표로 역할을 정하는 방법입니다. 심사하는 기준은 다양하게 합니다. 외모만 보고 이미지 캐스팅하는 방법, 외모만 보고 이미지 반대로 캐스팅하는 방법, 연극연습에 임하는 성실한 자세에 따라 역할을 정하는 방법, 팀원에게 배려하는 마음이 앞서는 사람부터 역할을 정하는 방법, 지망생이 하고 싶은 역할의 대사를 순서를 정하여 전체 팀원 앞에서 연기해 보이는 것을 보고 역할을 정하는 방법 등으로 다양하고 창의적인 방법으로 배역을 캐스팅합니다.

감은   캐스팅 방법이 참신하네요. 누구나 주인공이 될 수 있겠군요. 그런데 여름 방학과 겨울 방학에도 무대공연을 쉬지 않고 해야 되는 겁니까?

거소   그렇습니다. 여름방학 7~8월과 겨울방학 1~2월은 각조와 팀 그대로 무대공연에 참여할 수도 있고, 또는 각 조와 팀의 상관없이 연기나 연출지망생이 자유롭게 팀을 구성하여 무대공연을 계속해서 참여할 수 있습니다. 연극대학교수들께서는 학생들이 공연을 잘할 수 있도록 충분히 도와줘야 합니다.

감은   여름방학과 겨울방학에도 학생들은 계속해서 작품 활동을 의무적으로 해야 하는 겁니까?

거소   아닙니다. 방학 기간에는 자유롭게 선택해서 하는 겁니다. 다만 정말 연극인이 되고 싶다면 무대공연 참여 말고 대안이 없습니다. 사람이 아침 점심 저녁을 먹는 것처럼 연극지망생 시절에는 4년 내내 무대공연 작품연습과 공연 속에서 살아가야 됩니다. 밥을 두 달 정도 먹지 않고도 살 수 있다면 무대공연을 떠나서 살아도 됩니다.

감은 밥을 두 달 정도 먹지 않고도 살 수 있는 연기지망생은 없습니다. 대학 4년간은 그 어떤 경우일지라도 무대공연의 밥을 충실히 먹어야겠군요.

거소 연극대학 학생은 대학 4년 동안 30~60작품 이상의 최대한 많은 작품들을 경험하며 체득할 수 있도록 최선을 다해야 합니다.

감은 현재 수많은 연극이 관객에게 외면 받는 가장 큰 이유가 뭡니까?

거소 철저하게 무대공연으로 다져진 연기자와 스태프들이 부족해서 그렇습니다.

감은 관객의 수준을 리드할 수 없는 저급한 공연 때문이란 말씀이군요.

거소 프로의 세계는 냉혹합니다. 돈 받고 공연한다는 것은 완성된 상품의 공연이어야 합니다. 조금의 아마추어 행위도 용서가 안 되는 곳이 프로의 세계입니다.

감은 저도 프로의 세계를 지향합니다. 어떤 환경의 조건에서도 프로는 완성된 상품의 모습을 표현할 수 있어야 하기 때문입니다.

거소 프로의 세계에서 아마추어 행위는 참혹하게 짓이겨지고 난도질 당하는 것이 현실입니다. 고급 상품의 배우와 스태프만이 대접을 받는 곳이지요? 연극대학의 연극 제작 과정도 완성도 높은 공연을 위해 최선을 다해야 합니다. 프로의 세계는 자신과 타협하거나 안주하는 순간 아마추어로 전락되기 때문입니다.

감은 프로 세계에서 고급 상품의 모습을 갖추려면 어떻게 준비해야 됩니까?

거소 프로 세계에서 인정받고 싶다면 연극대학 4년 내내 무대공연을 통해 다양한 역할을 쉬지 않고 연습하고 공연하며 재능을 끊임없이 닦아야 합니다. 자기 재능을 의지대로 자유롭게 표현할 수 있다면 그 때부터 최고급상품으로 존중받게 되겠지요.

감은 대학 4년 내내 밥만 먹고 공연 연습과 공연에 집중해야 되겠군요. 공연에 필요한 제작비, 기획, 무대 미술, 분장, 의상, 대소품, 조명, 음향, 진행 등 스태프의 인원은 어떻게 충원하여 공연을 진행합니까?

거소 연극학과 무대공연 스태프는 다른 팀의 학생들이 하는 걸 원칙으로 합니다. 대학은 다른 팀의 지원 활동을 하는 학생에겐 스태프 분야 작품 활동에 대한 경력을 기록해 주고 스태프 학점 관리도 세세하게 해줘야 합니다.

감은 그런데 연기지망생의 작품 제작비는 어떻게 충당하죠?

거소 작품 제작에 필요한 무대미술, 분장, 의상, 소대도구, 소품, 포스터, 팸플릿 제작비 등 모든 비용은 팀원들 스스로 해결하는 걸 원칙으로 정합니다.

감은 작품 제작을 할 때마다 팀원들이 제작비를 부담해야 된다면 지망생들이 경제적 부담을 갖게 되지 않을까요? 어떻게 공연 때마다 학생들에게 제작비용 전체를 부담하게 한단 말입니까? 그건 좀……

거소 연극학과의 공연 제작비용에 대해서는 학생들이 전혀 걱정하실 필요가 없습니다. 제작의 방법은 연기지망생의 연기술 중심으로 연출되기 때문입니다.

감은 무대미술, 의상, 분장의 역할이 관객에게 미치는 영향이 참으로 크다고 말할 수 있습니다. 그런데 이걸 무시하고 배우 연기력 중심으로 연출하게 되면 작품의 질이나 수준이 떨어지는 거 아닙니까?

거소 팀의 여건이 된다면 무대미술, 의상, 분장, 대소도구 등을 갖추고 공연할 수도 있습니다. 하지만 연극학과 공연 제작 방법은 오직 연기자의 연기술 중심으로 이뤄지는 걸 원칙으로 정합니다.

감은 오직 배우 연기술에 의지하여 공연되는 것이 원칙이라고요?

거소 연극대학 4년 동안 모든 공연이 무대미술, 의상, 분장 등 외적인 도움 없이 순수 연기자의 육체, 목소리, 움직임, 세밀한 감각들을 중심으로 공연되어야 합니다. 오직 배우 중심의 연극, 함께하는 배우들과 연기술을 공유하는 연극을 지향합니다.

감은 가난한 연극을 지향하는군요. 배우 중심의 공연을 한다면 뭐 공연 제작비용은 거의 들지 않겠군요.

거소 하지만 공연 팸플릿은 꼭 만들어야 합니다. 비용 절감을 위해 A4 용지 한 장을 반으로 접어서 4면을 활용하여 제작목적, 줄거리, 연출의도, 공연장소, 공연일정 등 캐스트Cast와 스태프Staff

흑백사진이 꼭 들어간 팸플릿을 제작해야 합니다. 연극배우와 스태프에게 남는 것은 팸플릿 한 장이니까요.

감은   나의 연기 역사의 증거물인데 당연히 제작해야지요. 한 팀이 준비한 작품의 무대공연 횟수는 몇 회입니까?

거소   한 팀이 제작한 1작품의 공연 횟수는 10회 이상 의무적으로 공연해야 됩니다. 공연 때마다 가족이나 친지, 친구들뿐만 아니라 외부인들에게도 홍보하여 많은 관객 앞에서 공연해야 합니다. 연극대학의 공연 입장료는 무료입니다.

감은   아마추어 공연인데 무료 공연은 당연한 것이지요. 연기지망생들이 준비한 1작품의 무대공연 횟수가 의무적으로 10회 이상 공연해야 된다는 말씀입니까? 극장 대관이 어렵지 않겠습니까?

거소   작품에 따라 대학 극장 대관 일정에 맞춰 오전, 오후, 저녁 공연으로 나눠 하루 3회 공연도 가능합니다. 그리고 팸플릿 제작 전까지 공연 횟수를 조율하여 홍보해야 합니다.

감은   어렵고 힘들게 준비한 작품이라 10회 이상 공연하는 겁니까?

거소   어렵고 힘들게 준비한 작품이라 10회 이상을 공연하는 것이 아닙니다. 소중한 무대공연을 통해 진정으로 학생들이 연기술의 감각들을 제대로 다질 수 있기 때문입니다. 특히 연기지망생들의 화술연기의 깊이와 폭을 넓힐 수 있는 귀하고 소중한 경험의 순간들입니다. 연기지망생에겐 무대공연은 생생한 연기술을 체험하며 체득할 수 있는 최고의 순간들이라고 말할 수 있습니다.

감은 10회 공연을 하게 되면 관객 동원을 어떻게 해야 합니까?

거소 연극학과 지망생은 학과의 모든 공연은 의무적으로 관람하고 관람한 평을 자기 관람노트에 기록하도록 해야 합니다. 그리고 대학의 다른 학과 학생들과 외부의 관객들을 각 팀의 기획력으로 동원합니다.

감은 연기지망생들은 학과의 모든 공연을 의무적으로 관람해야 되는군요. 그리고 팀의 기획력으로 관객을 동원해야 되는군요.

거소 지도 교수는 연기지망생 개인의 연극기록카드를 만들어 1학년부터 4학년 졸업 때까지 참여했던 작품과 활동내역 연기술 등을 객관적이고 구체적으로 기록하며 관리해야 합니다.

감은 연기지망생에 대한 연극기록카드를 보면 그 학생을 객관적인 연기술의 평점을 알 수 있겠군요.

거소 담당 교수의 연극활동기록부도 중요하지만 연기지망생이 스스로 기록하고 관리하는 자기공연노트와 자기관람노트도 중요합니다.

감은 연기지망생이 스스로 기록하고 관리하는 자기공연노트와 자기관람노트는 어떻게 작성되나요?

거소 자기공연노트는 1학년에서 4학년까지 참여했던 모든 공연작품 연습과 매 공연의 과정을 기록하는 노트입니다. 공연작품을 연습하며 느꼈던 연기자들과의 호흡과 정서, 감정, 연기술, 소중하게 느낀 훈련방법들을 일기처럼 세세하게 기록합니다. 그리고 공연 때마다 연기자들과의 교감, 외적 감각과 정서 등 무대 위에서 자기의 연기술과 관객의 반응 등을 상세하게 기록하고 교수님과의 품평회 때 관객의 느낌과 생각들을 들어보고 종합 평가할 수 있도록 기록합니다. 이 기록은 자기의 연기술과 무대연기술 발전을 위해 꼭 필요한 소중한 자료가 될 수도 있습니다.

감은   자기공연노트의 기록은 자기연기술 발전을 위해 세세하게 기록해야 되겠군요. 자기관람노트에 대해서도 말씀해 주세요?

거소   자기관람노트는 연극학과 1학년에서 4학년까지 관람했던 모든 무대공연에 대해 관람 소감을 기록하는 겁니다. 관객으로서 공연 작품을 좀 더 집중력 있게 관람한 것을 상세하게 관람노트에 기록해야 합니다. 먼저 공연시작 전에 관람할 작품의 팸플릿을 보고, 작품 제작의 목적과 연출의도 등을 숙지합니다. 그리고 공연작품이 전체적으로 제작의 목적과 부합하는지 배우들의 연기 특히 화술연기에 대한 감상 결과를 자세히 기록합니다. 관객의 입장에서 작품 전체의 완성도와 어느 작은 한 부분이라도 미흡하다면 기록합니다.

감은   관람노트는 관객의 입장에서 동료의 공연을 통해 자기를 비쳐볼 수 있는 소중한 기록이라고 말할 수 있겠군요.

거소   그렇습니다. 동료나 선후배들의 무대공연을 관람하고 기록하는 것은 곧 자기를 객관적으로 보게 하는 소중한 과정입니다. 다른 동료들의 무대공연을 빠짐없이 보고 나서 관람노트에 기록하고 함께 토론까지 함으로써 자신이 연극 무대공연 때 관객에게 더 가까이 다가가는 연기술을 펼칠 수 있게 될 것입니다.

감은 관람노트 기록도 자기연기술과 무대공연 발전에 큰 영향을 끼칠 수 있는 소중한 기록이 되겠군요.

거소 그런데 자기공연노트와 관람노트를 작성한 후 담당교수에게 제출해야 합니다. 담당교수는 학생이 제출한 자기공연노트와 관람노트를 점검하고 학사관리를 위한 기록과 노트에 간략하게 피드백하고 돌려줍니다. 노트는 학생 개인소장용이기 때문입니다.

감은 자기공연노트와 관람노트는 당연히 지망생 개인소장용이 되어야지요.

거소 4년 동안 무대공연으로 다져진 졸업생들은 훌륭한 극단에 들어갈 수도 있겠지만 졸업생들이 동인제 극단을 만들어 활동할 것을 권유합니다. 극단의 목표를 세우고 극단의 색깔을 드러내며 사람이 사람을 믿고 존중받는 세상을 만들어 주시기 바랍니다.

감은 지금까지 연극관련학과의 학생들의 무대공연 실습작품 제작과정과 의무공연 등에 대해 말씀을 나눴습니다. 대학 1년 동안 의무적으로 6작품 이상은 꼭 참여를 해야 하고, 대학 4년 동안 총 24작품 이상 참여해야 졸업이 가능하며 연극이 사회의 거울 역할을 바르게 할 수 있게 될 때 연극이 사회와 국가에서 제 역할을 하게 될 것이고, 그 역할이 정직한 연극인을 지켜 주게 될 것이라고 말씀하셨습니다. 거소 선생, 소중한 말씀 감사드립니다.

10

무대연기의 기본 법칙

감은   무대 위의 걸음걸이와 수많은 훌륭한 연극배우들의 실질적인 무
대의 경험을 토대로 무대연기 기본법칙이 만들어졌습니다. 걸음
걸이와 무대연기의 기본법칙에 대해 말씀 나눠 보겠습니다.

거소   먼저 걸음걸이에 대해 말씀 드리겠습니다. 무대 위의 공간은 한
정되어 있습니다. 배우는 이러한 공간을 잘 활용해야 합니다. 상
수에서 하수로 몇 걸음 이동하면 이 공간은 짧은 순간에 서울에
서 대전으로, 부산에서 뉴욕으로, 프랑스에서 서울로 공간 이동
이 가능한 곳이 무대입니다. 그런데 연기지망생들은 무대 위에
서 걸음을 걷거나 가만히 서있는 것도 힘들어합니다.

감은　그럼 먼저 무대 위 걸음걸이는 어떻게 훈련해야 하는 겁니까?

거소　무대 위 걸음걸이는 배우는 발이 무대 위에 붙도록 훈련해야 합니다.

감은　넵? 배우의 발이 무대에 붙어야 한다고요?

거소　그만큼 배우가 무대 위를 많이 걸어봐야 된다는 말입니다. 역할에 맞게 무대 위에 발걸음이 자연스럽고 안정되게 걸을 수 있을 때까지 반복 체득해야 됩니다.

감은　역할에 맞는 걸음걸이를 그렇게 반복하면 발이 무대에 정말 붙습니까?

거소　걸음걸이에 대해서는 '먼저 걸음걸이를 보고 다시 소리를 듣는다'는 말이 있습니다. 그만큼 걸음걸이의 중요성을 강조한 말입니다. 중국의 경극에서는 각 배역의 성별, 성격, 연령, 신분, 직업 등과 특수한 환경 및 감정에 따라 각자의 걸음걸이가 정해져 있다고 합니다.

감은　역할의 걸음걸이만 보고도 신분과 심리까지도 알 수 있다는 말이군요?

거소　그렇습니다. 그 외 무대 위의 걸음걸이는 보폭의 조율과 S자나 원을 그리듯 걷는 방법들을 반복적으로 걸으며 자연스럽게 스스로 체득해 가야 합니다.

감은　무대 위에서 보폭의 크기는 어느 정도가 좋습니까?

거소　배우가 보폭을 너무 좁게 해도 자연스러움을 해칠 수 있고, 보폭을 너무 크게 하면 몸이 좌우로 흔들릴 수 있습니다. 배우가 흔들림 없이 안정되게 걸을 수 있는 보폭이 좋습니다. 그리고 무대 위에서 의도된 게 아니라면 배우가 짝발을 짚고 있어서도 안 됩니다.

감은 흔들림 없이 안정되게 걸을 수 있는 보폭이요?

거소 무대 위에서 다양한 역할의 걸음걸이는 발이 무대에 붙도록 반복 체험하며 체득하는 방법뿐입니다. 그렇게 되기 위해서는 일상이 무대라 생각하고 역할의 걸음걸이를 연습해야 합니다. 그리고 무대는 일상처럼 역할로 걸을 수 있어야 합니다.

감은 일상을 무대처럼, 무대를 일상처럼 걸으며 체험하란 말씀이군요. 무대연기의 기본법칙들에 대해 말씀해 주시겠습니까?

거소 무대연기는 예로부터 몇 가지 기본적인 법칙들이 있었습니다. 이러한 법칙들은 연기자들이 실제 경험에 의해 만들어진 것들입니다. 관객에게 가급적 최고의 효과를 전달하기 위한 전통적인 법칙들입니다. 하지만 이것을 반드시 지키지 않으면 안 된다는 절대적인 법칙은 아닙니다.

감은 연기자라면 이러한 산 경험의 법칙들은 알고 있어야지요. 물론 연기자나 연출자에 따라서 선배들의 산 경험의 법칙들을 인정하지 않고 무시할 수도 있겠지요.

거소 하지만 연기지망생들에게 무대연기의 기본법칙들은 아기에게 걸음마와 같은 매우 유익하고 중요한 것입니다.

감은   무대연기의 기본법칙은 지망생들에게 기초연기를 쌓는 정말 소중한 재료들이 될 것이라고 생각합니다. 어서 말씀해 주세요.

거소   무대는 크게 원형무대Arena Stage와 프로씨니엄무대Proscenium Stage or Box Stage로 나눠 이야기할 수 있으나 여기서는 프로씨니엄무대에 대해서만 알아보겠습니다. 무대는 4개의 면을 갖고 있습니다. 원형극장을 제외하고는 관객들은 어느 한쪽 면에만 앉아 있으므로 배우는 이러한 조건을 머리에 두고 연기를 해야 합니다.

감은   관객들이 한쪽 면에만 앉아 있는 것이 프로씨니엄무대 또는 박스 스테이지라고 하는군요?

거소   그렇습니다. 무대가 실내 장면을 나타낼 경우라도 그것은 결코 실제 우리들의 실내 배치와 똑같지 않습니다. 대부분의 가구는 인위적 조건에 맞도록 배치됩니다. 그것은 관객석을 향해서 놓여있어야 합니다. 연기도 마찬가지로 관객석을 향해서 하지 않으면 안 되며 배우는 특별한 이유가 없는 한 관객에게 등을 보이지 않아야 좋다[9]는 말입니다.

감은   무대 위의 세트는 관객석을 향해 놓여야 하고, 배우의 연기도 관객석을 향해 연기되어야 한다는 말씀이군요.

거소   배우는 관객석 쪽을 향하여 몸을 돌려야 합니다. 뒤를 돌아보거나 몸을 돌릴 때에는 관객에게 등을 보이지 않도록 해야 합니다. 즉 관객석 쪽을 향해서 몸의 방향을 바꾼다는 말입니다. 관객에게 등을 보이도록 몸을 돌리면 연기가 약해집니다.

---

9) 아성. 『무대예술인간』. 그루, 1983. p.127~28.

감은   관객석 쪽을 향하여 몸의 방향을 바꿔야 배우 얼굴표정이 보이겠군요.

거소   서 있을 때에는 관객석 쪽의 발을 약간 뒤로 짚어야 합니다. 이것도 역시 관객석 쪽으로 몸을 벌리기 위해서입니다. 말하자면 오른쪽을 향해 서거나 왼쪽을 향해 서거나 간에 연기자는 무대 안쪽에 있는 발을 조금 앞으로 놓아야 관객석 쪽으로 몸을 벌리게 된다는 말입니다.

감은   배우가 오른쪽이나 왼쪽을 향해 서 있을 때 무대 안쪽의 발을 조금 앞으로 놓아야 된다는 말씀이군요.

거소   배우가 움직일 때는 움직이고자 하는 방향에 가까운 쪽 발부터 움직여야 배우의 중심이 흔들리지 않으며 가능한 관객석 쪽으로 등을 보이지 않을 수 있습니다. 만약 그 반대로 한다면 최초의 움직이는 순간에 배우의 자세가 허물어지게 되어 보기 흉한 움직임이 됩니다.

감은   배우가 움직일 때는 움직이고자 하는 진행방향의 발부터 움직여야 자세가 안정되게 연기될 수 있다는 말씀이군요.

거소   무대의 안쪽 발부터 등장해야 합니다. 이것도 배우가 관객석의 방향으로 자연스럽게 얼굴을 돌리게 하여 강한 자세를 취하도록 하기 위해섭니다. 이것은 실내 장면을 연기할 때 특히 주의할 필요가 있습니다.

감은   무대 안쪽 발부터 등장하면 배우가 자연스럽게 관객을 향해 얼굴이 돌려지겠군요.

거소 퇴장도 무대 안쪽 발부터 해야 합니다. 역시 관객석의 방향으로 자연스럽게 얼굴을 돌리기 위한 겁니다.

감은 역시 퇴장도 무대 안쪽 발부터 하니까 자연스럽게 몸이 객석 방향으로 돌려지는군요.

거소 한쪽 무릎을 꿇을 때에는 관객석 쪽의 무릎을 꿇어야 합니다. 이것도 역시 관객석 쪽으로 자연스럽게 얼굴을 돌리도록 하기 위해섭니다. 뿐만 아니라 배우의 자세와 의상과 몸의 선의 관계를 아름답게 보이게 하기 위해섭니다.

감은 연극무대는 배우의 그림이 아름다우면서도 살아 있어야지요.

거소 배우가 대사를 할 때는 상대방의 눈을 보고 대사를 해야 합니다. 일상생활에서와 마찬가지로 무대에서 대사를 할 때는 반드시 상대방의 눈을 보며 말을 해야 합니다. 상대방을 똑바로 보지 못하는 경우란 거짓말을 한다거나, 잘못을 저질렀다거나, 혹은 무슨 흉계를 꾸민다거나 하는 식으로 정상적인 경우가 아닐 때뿐입니다.

감은 일상에서나 무대에서 진정성 있는 대사는 상대방의 눈을 보고 대사를 해야 되는군요.

거소 최초의 대사를 하는 인물이 뒤에 등장해야 합니다. 이것은 결국 그 인물이 관객석 쪽을 향하여 말하는 것을 자연스럽게 보이게 하기 위해섭니다. 여러 사람이 같이 등장할 때 최초에 대사를 할 인물이 앞서 나와 버리면 처음의 대사를 뒤돌아보며 안쪽을 향하여 하게 되므로 대사의 전달이 잘 안될 뿐만 아니라 자세마

저 이상해집니다.

감은 여러 사람이 함께 등장할 때 최초의 대사는 맨 나중에 나온 사람이 하게 되면 먼저 무대에 나와 있는 사람들을 향해서 대사를 하게 되니까 객석으로 대사전달이 잘되겠군요.

거소 시선은 말하는 사람에게로 돌려야 합니다. 일반적으로 관객은 연기자가 바라보는 것에 눈을 돌리게 마련입니다. 그러므로 연기자는 말하고 있는 인물에게 시선을 모아 그의 말을 듣고 있다는 것을 강조하고 그것에 의하여 동시에 관객의 주의를 말하는 인물에게 집중하도록 해야 합니다. 그러나 상대방의 말을 건성으로 듣고 있는 경우는 다릅니다.[10]

감은 관객들은 무대 위에 나온 배우들을 쳐다봅니다. 그리고 그 배우들이 바라보는 곳으로 시선을 돌리게 되니까 특별한 주문이 없는 한 배우들은 말하고 있는 배우를 보고 있어야겠군요.

거소 동작을 대사보다 먼저 해야 합니다. 몸짓과 말을 동시에 해야 할 경우 몸짓을 먼저 하는 것이 좋습니다. 예를 들어 먼저 손으로 문을 가리킨 다음 '나가!' 하고 소리치는 편이 '나가!' 하고 먼저 소리친 다음에 손으로 문을 가리키는 것보다 더 강한 느낌을 주게 됩니다. 연기를 하는 순서는 먼저 시선을 돌리고 다음에 동작을 하고 그 다음에 대사를 하도록 합니다.

감은 동작을 대사보다 먼저 해야 한다는 말씀이군요. 손을 들어 관객의 시선을 동작으로 모으고 대사에 집중하게 하는 방법이군요.

---

10) 아성, 앞의 책, p.129.

거소	손짓은 무대의 안쪽 손으로 해야 합니다. 무대에서 손동작을 할 때는 무대 안쪽 손으로 해야 합니다. 그래야 몸 전체와 표정이 관객에게 잘 보입니다. 관객석 쪽의 손으로 손동작을 하게 되면 얼굴 표정 등을 가리게 됩니다.[11]
감은	무대에서의 손동작은 무대 안쪽 손으로 해야 된다고 하셨습니다. 이러한 법칙은 이밖에도 여러 가지가 있을 수 있겠지만 이러한 룰을 꼭 지켜야 한다는 것은 아니라고 말씀하셨습니다. 도리어 의식적으로 이것을 깨뜨림으로써 한층 신선하고 훌륭한 무대연기를 만들어낼 수도 있다는 말씀이지요?
거소	배우가 무대 위에서 의식적으로 이러한 전통적인 법칙을 깨뜨리는 것과 이러한 기본적인 법칙을 몰라서 하지 않는다는 것과는 상당한 차이가 있는 겁니다.
감은	당연한 말씀입니다. 이러한 연기의 기본 법칙들은 선배연기자들이 실제 경험에 의해 만들어진 소중한 것들입니다. 관객에게 가급적 최고의 효과를 전달하기 위해 연기지망생들이 이러한 연기의 기본적인 원칙을 알아두는 것은 그들이 무대에 섰을 경우에 보기 흉한 자세나 멋없는 움직임을 취하지 않기 위한 길잡이가 될 것이라고 생각합니다. 거소 선생, 소중한 말씀 감사합니다.

---

11) 아성, 앞의 책, p.129.

3장

다양한
연기술의
진리와 오류

11

드니 디드로 연기술

감은   저보다 250년 먼저 태어나신 드니 디드로(1713–1784)는 프랑스의 연극인, 극작가, 철학자, 소설가, 예술평론가입니다. 그의 저서 『배우에 관한 역설』에서 가장 위대한 배우란 가장 잘 알고, 가장 잘 인식된 이상적 모델에 따라 가장 완벽하게 외적 기호들을 나타낼 수 있는 배우라고 말합니다. 드니 디드로에 대해 말씀을 나눠 보겠습니다.

거소   인간이란 두뇌와 감성의 시스템이라는 대조되는 구조 속에 사는 존재이며, 이 역설적 시스템 속에서 자신이 주인이 되어야 한다고 디드로는 주장합니다. 그런데 그 이중성에 대해 인식하지 못하고 감성에 치우친 인간의 뇌가 아닌 횡격막에 의해 좌우되는 범용한 배우가 되어야 한다고 말하며 차가운 피, 자기 통제를 강조[12]하고 있습니다.

감은 배우의 차가운 피, 자기를 다스릴 수 있는 냉철한 이성적인 연기를 강조하고 있군요.

거소 배우는 열정에 빠져 연기하는 순간에도 자기 자신을 잃지 않으면서 스스로를 관찰할 수 있는 침착하고 냉철한 머리를 갖고 있어야 한다. 배우란 어떤 상황 속에서도 그 누구보다도 인간의 이중적인 상황을 더 집약하고 있는 존재의 배우가 되어야 한다고 말합니다.

감은 이중적인 상황을 집약하고 있는 존재……. 역할에 빠져 연기하는 순간에도 배우로서 깨어 있으라는 말이군요.

거소 맞습니다. 그는 "보잘 것 없는 배우를 만드는 것은 지나친 감성이다. 형편없는 배우들 대부분을 만드는 것은 감성이다. 숭고한 배우들을 준비시키는 것은 감성의 절제와 결여에 있다. 일반 사람들의 눈물은 마음으로부터 솟아나며 배우의 눈물은 그의 머리로부터 떨어진다"[13]라고 주장합니다. 배우의 절망의 몸짓들은 기억의 산물이고, 거울 앞에서 준비된 것이다. 배우는 정확히 언제 손수건을 꺼내고 눈물을 흘려야 할지 알고 있어야 한다고 말합니다.

감은 일반 사람들의 눈물은 마음으로부터 솟아나지만 배우의 눈물은

---

12) 드니 디드로. 『배우에 관한 역설』. 주미사 옮김. 문학과 지성사. p.138.
13) 앞의 책. p.31~32.

그의 머리로부터 떨어진다고요?

거소 배우는 이 단어 혹은 저 음절에서 더 빠르지도 더 느리지도 않는 대사들의 모방연기, 그런 연기술을 기대해 보라, 그런 떨리는 목소리와 끊겨진 말들, 목멘 음성이나 질질 끄는 소리들, 떨리는 사지, 비틀거리는 무릎, 졸도, 격노 등은 순전히 모방이며 반복 학습되는 교훈이자 엄숙한 모방이다, 배우가 연구한 뒤에 오랫동안 간직하는 기억의 탁월한 모방이다.[14]라고 말합니다.

감은 반복 학습되는 엄숙한 모방이요?

거소 네, 모방을 통해서 자신의 것을 드러내 보일 수 있어야 한다는 겁니다. 인간은 자연에 의해서 자기 자신이 되고, 모방에 의해서 타인이 된다고 말합니다.

감은 그렇다면 디드로는 배우의 진정한 재능이란 무엇이라고 말합니까?

거소 그는 빌려온 영혼의 외적 증상들을 잘 인지하고, 우리의 말을 듣고, 우리를 보는 사람들의 느낌에 호소할 줄 알고, 그런 모든 증상들을 모방하고, 머릿속에서 모든 것을 키우면서 자신들의 판단의 규칙이 되는 모방에 의해 그것들을 속일 줄 아는 것이 배우의 재능이라고 말합니다.

감은 외적인 표현이나 기호들은 모방할 수는 있지요. 그러나 내부에서 일어나는 심리적인 변화나 기호들을 관찰하거나 모방하는 것은 불가능합니다. 그것은 어떻게 모방할 수 있습니까?

---

14) 앞의 책. p.30.

거소 그 누구도 내부에서 일어나는 심리적인 변화를 직접 관찰할 수는 없습니다. 관객은 배우의 외적인 행동의 표현을 보면서 인물이 처한 상황을 알게 됩니다. 배우는 작품에 나타난 시대적 배경이나 인물이 처한 심리적인 환경을 이해하고 감정에서 벗어나 자기 감각의 지속적인 관찰자가 되고, 역사나 상상력으로부터 자신이 맡은 역할에 대한 이상적인 모델을 만들어 그것을 제대로 모방하는 능력을 가져야한다고 디드로는 말하고 있습니다.

감은 디드로가 연극에서 진실하다고 부르는 부분에 대해 말씀해 주세요.

거소 연극 무대의 모든 사물이 자연에서처럼 진실한 것은 아니지요.

감은 그렇지요. 무대미술, 소품, 대소도구 등 어느 하나 진실한 것이 없지요. 그럼 무대 위의 배우들의 진실이란 언제 일어납니까?

거소 그것은 작품의 역할과 배우가 종종 과장하는 어떤 이상적인 모델과 행동, 말, 표정, 목소리, 움직임, 동작들과의 일치가 일어날 때입니다. 바로 그것에 배우의 진실한 기적이 있습니다. 이런 모델은 단지 어조에만 영향을 끼치는 것이 아니라 거동과 태도까지도 바꾸지요. 바로 그렇게 해서 거리의 배우와 무대 위의 배우는 서로 아주 다른 인물들이 되고, 사람들이 그들을 거의 식별해 내지도 못하게 되는 것이라고 디드로는 말하고 있습니다.

감은 진짜 감성과 연기된 감성은 어떤 차이가 있습니까?

거소 디드로는 진짜 감성과 연기된 감성은 완전히 별개의 것이라고 단언하고 있습니다. 열정의 가면과 인격을 제대로 구별할 수 있기 때문입니다. 그러므로 연극에서 열정의 이미지들은 진정한 이미지들이 아니라 과장된 초상화의 이미지일 뿐입니다. 인습적 규칙들에 예속되어 큼직큼직하게 그려진 캐리커처들일 뿐이라고 말하고 있습니다.

감은 디드로의 말대로 진짜 감성과 연기된 감성은 같을 수가 없네요. 아니 같아서는 큰일 나겠군요. 무대공연 중 사람을 죽이고 죽임을 당하는 상황의 연기가 얼마나 많습니까? 그런데 진짜 감정을 가지고 배우가 무대에 선다면 정말 끔찍한 일이 일어나겠군요.

거소 그런데도 수많은 배우들은 진짜 감정과 연기된 감정의 차이를 이해하지 못하고 뜬 구름 같은 진짜감정을 좇으며 소중하고 귀한 시간들을 낭비하고 있다는 겁니다.

감은 많은 배우들이 뜬 구름 같은 진짜 감정을 좇고 있다고요?

거소 비장미가 서린 이야기를 듣고 흘리는 눈물과 실제로 비극적인 사건 앞에서 흘리는 눈물의 차이에 대해 생각해 보신 적이 있나요? 어떤 아름다운 이야기를 들으면 사람들은 점차 머리가 혼란스러워지면서 감동을 받고 눈물을 흘리게 됩니다. 반대로 진짜 비극적인 사건 앞에서는 대상과 감각과 결과가 서로 가까이 있어 순식간에 마음들이 움직이고 비명이 나오고 이성을 잃게 되고 눈물이 나오지요. 이 눈물이 갑자기 나오는 것이라면 앞의 눈물은 준비된 것입니다. 그리고 바로 이 준비된 것이 연기적인 장면에서 볼 수 있는 자연스럽고 진실한 연극 동작이 지닌 이점이라고 디드로는 말하고 있는 겁니다.

감은   준비된 앞의 눈물이 자연스럽고 진실한 연기의 눈물이라고요?

거소   우리는 인간이 가장 극심한 고통의 순간에도 인간성, 인간의 존엄성을 지키길 원합니다. 이런 영웅적 노력의 결과가 무엇입니까? 고통의 포즈를 줄이고 완화시키는 것이지요. 우리는 무대 위의 여자주인공이 쓰러지더라도 끝까지 품위를 지키면서 연약하게 쓰러지기를 원하며, 저 영웅이 고대의 검투사처럼 투기장 한가운데에서 관중의 환호를 받으며 우아하고 장중한 태도로 기품 있게 그림처럼 죽어가길 원합니다. 고대의 검투사는 위대한 배우처럼, 또 위대한 배우는 고대의 검투사처럼 침대 위에서 죽듯 죽는 게 아니라 우리 마음에 들기 위해 그와는 구별되는 죽음으로 우리를 속이는 데 신경을 씁니다.[15) 연기를 계산하고 계획을 세워서 자연스럽게 연기 되도록 말입니다.

감은   디드로는 계획적이고 이성적인 사람입니까? 아니면 감성적인 사람입니까?

거소   드니 디드로는 본인같이 감정적인 사람은 세상 사람들이 자신에게 반박하는 것 모두에 대해 이성을 잃은 나머지 한참 뒤에야 적합한 대답을 찾는 사람이라고 자기 성품을 설명하고 있습니다.

감은   감정이 앞선 사람이군요. 사람은 본능적으로 자신의 약점을 보완하기 위해 연구하고 처방까지 하는 게 맞는 것 같습니다.

거소   디드로가 극히 이성적인 사람이었다면 이렇게 세밀하게 사람과 배우의 심리에 대해서 연구하지 않았겠지요. 누가 연극에 그토

---

15) 앞의 책. p.38~39.

록 널리 퍼져 있는 부조리를 구원하겠습니까? 라고 디드로는 말하고 있습니다.

감은 연극에 널리 퍼져있는 부조리요? 그럼 연극의 부조리를 구원할 수 있는 사람은 누구라고 말합니까?

거소 배우입니다. 그러면 어떤 배우일까요? 감성은 무대 위나 사회 속에서나 똑같이 해로운데 오히려 무대 위에서는 1천배는 더 해롭다고 말하고 있습니다.

감은 그럼, 이성적인 배우란 말입니까?

거소 그렇습니다. 이성적인 배우만이 연극과 세상을 살릴 수 있다고 말합니다. 디드로는 연극의 부조리를 해결하는 방법이나, 세상을 잘 살아갈 수 있는 방법은 감성에 의지하지 않고 이성적으로 대처할 것을 주장하고 있습니다.

감은 이성적인 대처요? 디드로는 배우가 어느 정도 연기술을 체득해야 위대한 배우가 될 수 있다고 말합니까?

거소 열기로 가득차고 핏줄 속에 피가 끓어 넘치고, 가장 가벼운 충격으로도 마음 깊숙이 문제를 남기고 가장 작은 불씨에도 열정이 타오르는 그런 배우일까요?

감은 그런 배우는 아직 연기의 깊은 맛이 없겠지요.

거소 디드로는 자연이 배우라고 도장 찍어 내보낸 사람도 그의 예술 안에서 오랜 경험을 획득하고 격앙된 정열이 잔잔해지고 머리가 차분해진 다음에야 탁월해질 수 있다고 말합니다. 가장 좋은 품

질의 포도주라도 발효되는 동안엔 시고 떫습니다. 그 질이 좋아지려면 통 속에서 오랜 시간을 지내야 합니다. 제가 보기에 키케로, 세네카, 플루타르크는 인간의 세 가지 나이를 표상하고 있습니다. 제게 키케로는 종종 눈을 즐겁게 해주는 짚더미 불에 지나지 않습니다. 세네카는 제 눈을 해치는 포도덩굴의 불입니다. 반대로 늙은 플루타르크는 저를 부드럽게 데워주는 숯 단지 속 커다란 숯불이라고 디드로는 말합니다.

감은 부드럽게 데워주는 숯 단지 속 커다란 숯불 같은 깊이 있는 배우라고 말하고 있군요. 오늘날 대부분의 관객들은 아이돌 가수나 20대의 젊은 배우들이 나오는 TV 드라마, 영화, 연극을 더 좋아하는 거 같습니다. 물론 경력 있는 중후한 배우들이 연극무대에 참여하면 작품의 완성도와 품격은 더 높아지겠지요?

거소 디드로는 사람들이 스스로한테 있다고 생각하는 마음이란 정말 존재하는 마음이 아니라고 말하고 있습니다.

감은 어떤 의미입니까?

거소 반나절 만에도 수시로 바뀌고 그 존재를 찾을 수 없는 것이 바로 사람의 마음이라고 말합니다.

감은 그럼 디드로에게 배우의 감성은 어떤 것입니까?

거소 위대한 배우는 불행히도 감성이란 천성을 부여받았다 할지라도 지체 없이 그것을 약화시키고, 그 감성의 움직임의 지배자가 되고, 신경망의 근원에서부터 자신의 제국을 유지하려고 노력해야한다. 가장 큰 위험들의 한복판에서도 그는 그렇게 해서 자신의 지배자가 되어야 한다고 디드로는 주장합니다.

감은 디드로가 희곡을 쓰고 공연까지 올렸던 작품은 어떤 작품입니까?

거소 디드로는 40대에 희곡 〈사생아〉, 〈가장〉 등을 발표하고 공연까지 올렸습니다. 그리고 당시 그 누구보다 더 연극에 깊은 관심을 가졌기 때문에 역작力作인 『배우에 관한 역설』을 집필할 수 있게 되었을 겁니다.

감은 감성이나 마음으로 연기하는 배우는 연기가 고르지 못하다고 디드로는 주장하고 있습니다. 이 부분에 대해 좀 더 자세히 설명해주시지요?

거소 "마음으로 연기하는 배우는 고르지 못한 연기 그 자체이다. 그들의 연기는 어떤 통일성도 기대할 수 없다. 그들의 연기는 강하든지 약하든지 둘 중 하나이다. 오늘 탁월한 곳에서 내일은 빈약할 것이다. 반대로 어제 잘못한 것을 오늘은 잘할 것이다. 그러나 인간 본성에 대한 사색과 연구 그 어떤 이상적 모델에 따른 지속적인 모방, 상상력과 기억력으로 감각의 지속적인 관찰로 연기하는 배우는 모든 공연에서 한결같으며 늘 고르게 완벽할 것"16)이라고 주장하고 있습니다.

감은 변덕스럽고 까다롭고 하루에도 열두 번이 더 변화되는 가냘픈 인간의 마음과 감성으로 하는 연기술은 고르지 못한 연기 그 자체라고요?

---

16) 앞의 책. p.21.

거소 좋은 연극공연은 모든 공연이 한결같으며 고르게 완벽해야 한다고 말합니다.

감은 배우의 재능을 완성시킬 수 있는 방법에 대해 말씀해주세요?

거소 배우의 재능을 완성시키는 것은 타고난 목소리나 섬세함뿐 아니라 인간의 마음과 세상의 관례에 대한 지식으로부터 자신이 모방해야 할 모델을 머리에 설정하고 꾸준한 노력과 폭넓은 경험 등을 통해 그것에 근접해가려는 노력과 의지라고 디드로는 말합니다.

감은 디드로가 주장하는 좋은 연기에 대해서도 말씀해주세요?

거소 좋은 연기란 감수성 자체에서 나오는 것이 아니라 그것의 외적인 신호들을 얼마나 잘 파악하고 숙지하고 표현해 내느냐에 달려 있다고 말합니다.

감은 그럼 자연스런 연기는 어떤 건가요?

거소 자연스런 연기란 바로 인위적인 기교와 계산이 절정에 달했을 때 나온다고 디드로는 주장합니다.

감은 인위적인 기교와 계산이 절정에 달했을 때 자연스런 연기가 나온다는 디드로의 주장에 맞는 사례를 하나 들어 주시겠습니까?

거소 사례요? 아, 피겨스케이팅의 김연아 선수의 인터뷰가 생각이 나는군요. 피겨 스케이팅은 예술과 운동이 접목된 스포츠로 수많은 관객 앞에서 연기를 하는 것이 연극과 닮은 부분이라고 말할 수 있습니다. 김연아의 피겨스케이팅은 3분에서 5분 정도의 짧은 시간 동안 피겨를 예술로 승화시켰다는 평가를 받았습니다.

감은 그렇습니다. 피겨의 여왕으로 많은 국민에게 기쁨을 주고 사랑을 받았지요.

거소 고단한 18년 간의 여정이었지만 그녀는 굳은 의지와 피나는 훈련으로 한국은 물론 세계 피겨 역사를 새로 쓴 주인공이 됐습니다. 세계 주요 언론은 "연아의 연기는 완벽했다! 쉬워 보이는 문장이 사실 쓰기 어렵듯이 김연아의 연기는 무아의 경지에 도달했다! 피겨를 예술로 승화시켰다!"고 호평 받았습니다. 김연아는 피겨 연기에 대한 기자의 질문을 받고 이렇게 답변했습니다.

기자의 질문 예술성은 재능인가요? 노력인가요?
연아   재능은 잘 모르겠다. 하지만 디테일한 동작이나 표정 하나하나까지 모두 계획된 것이다. 내 생각에는 연습의 힘이 더 큰 것 같다. 안무 완벽성을 높이기 위해 하루에도 수십 번씩 연습을 하다 보니 몸이 완전히 익히고 생각하지 않아도 자연스럽게 나올 수 있게 된 것이다.[17]

감은 김연아의 피겨 연기는 디테일한 동작이나 표정 하나까지 모두 인위적으로 계획된 것이라고 말하고 있군요.

거소 인위적인 계획과 기교가 절정에 달했을 때 자연스런 연기를 할 수 있게 된다고 250여 년 전에 디드로는 주장하고 있는 겁니다.

감은 디드로가 말하는 시시한 배우와 위대한 배우에 대해 말씀해 주

---

17) 매일경제 & mk.co.kr. 「피겨여왕 18년」은퇴 이후 첫 언론 인터뷰 김연아」, 2014.07.18.

세요?

거소   디드로는 시시한 배우로 인해서 위대한 배우의 재능이 비난 받는 걸 싫어했습니다. "뛰어난 배우들이 어떤 연극에서 멸시받는 것은 시시한 배우들 사이의 야유 때문이다. 그들은 위대한 배우들을 무대로부터 몰아내고 있다"고 말합니다.

감은   위대한 배우들을 무대로부터 몰아낸다고요?

거소   디드로가 말한 시시한 배우는 그 상대역을 하는 뛰어난 배우에게 가하는 해로운 영향에 대해 "뛰어난 배우는 뜻을 크게 품습니다. 그러나 함께 무대에 서야 하는 시시한 배우의 수준에 스스로를 맞추기 위해 필경 자신의 이상적인 모델을 포기해야 할 것입니다"이라고 말합니다.

감은   뛰어난 배우는 시시한 배우의 수준에 맞추기 위해 스스로의 재능을 감추어야 된다는 말씀이군요.

거소   디드로는 위대한 배우와 시시한 배우가 연기에서 격차가 날 경우 관중은 그의 상대가 빈약하다고 느끼기보다는 바보스럽게도 위대한 배우가 지나치다고 평가한다고 합니다.[18] 정말 위대한 배우를 무대에서 몰아내고 있는 안타까운 상황이라고 말합니다.

감은   그럼 그런 위대한 배우는 희귀한 존재입니까?

거소   위대한 배우는 피아노도 하프도 하프시코드도 바이올린도 첼로도 아닙니다. 그는 자기 자신과 결코 일치되지 않습니다. 하지만

---

18) 앞의 책 p.43.

그는 자기가 맡은 부분에 적합한 어조와 조화를 유지할 줄 알고, 모든 것들을 위해 준비하고 있을 줄 압니다. 저는 위대한 배우의 재능을 아주 높게 생각하고 있습니다. 위대한 배우는 희귀하며, 아마 위대한 시인만큼이나 드물면서도 그보다 더 위대한 자일 겁니다[19]라고 말하고 있습니다.

감은 위대한 배우는 희귀한 존재이며 존중받아야 할 대상이군요. 저도 연극작품 전체의 조화를 위한다고 연기력이 뛰어난 위대한 배우에 연기를 의도적으로 자유롭게 표현하지 못 하게 억제시키는 무지한 연출자를 본 적이 있습니다.

거소 작품을 위한다면 위대한 배우의 수준에 맞춰 시시한 배우의 연기술을 높일 수 있도록 노력해야 됩니다.

감은 배우가 천성적인 감성의 외침소리만 내는 것은 필요 없다고 했는데, 디드로가 그렇게 말한 이유를 자세히 설명해 주시겠습니까?

거소 디드로는 배우에게 감성은 전혀 필요 없다고 생각하지만, 그는 그 이유를 아직은 잘 꿰고 있지 못한다고 말하고 있습니다. 그는 한때 배우가 되고 싶다고 고민한 적이 있었는데, 배우로서 연기를 경험했다는 자료는 찾을 수 없었습니다.

감은 그 이유를 잘 꿰고 있지 못하다고요? 그리고 연기경험이 없다고요?

거소 배우와 연출자로 경험이 많은 저로서 감성에 의지한 배우들이

---

19) 앞의 책 p.83~84.

나락으로 떨어지는 걸 많이 봐왔습니다. 연극조상님인 디드로의 『배우에 관한 역설』은 연극후손들에게 정말 귀하고 소중한 자료입니다. 다만 아쉬운 부분은 디드로가 무대 위의 배우로서 직접적인 연기경험이 거의 없었다는 부분입니다.

감은   배우로서 무대 경험이 많았다면 디드로의 연기론이 후손들에게 더욱 더 신뢰 받을 수도 있었다는 말씀입니까?

거소   인생이 각자의 것이듯, 연기도 각자의 것입니다.

감은   네? 인생과 연기는 각자의 것이라고요? 드니 디드로는 변덕스럽고 까다롭고 하루에도 열두 번이 더 변화되는 가냘픈 인간의 마음이나, 감성으로 하는 연기술은 고르지 못한 연기 그 자체라고 했습니다. 연기자의 냉철한 이성이 살아있는 연기술만이 모든 공연에서 한결같으며 늘 고르게 완벽할 것이다. 이상적인 모델에 따라 가장 완벽하게 외적 기호들을 나타낼 수 있는 배우가 위대한 배우라고 드니 디드로는 주장하고 있습니다. 거소 선생! 소중한 말씀 감사합니다.

12

스타니스랍스키 연기술

감은 스타니스랍스키(1863~1938)는 저보다 100년 먼저 태어나신 분입
니다. 20세기 연극 예술에 지대한 영향을 미친 스타니스랍스키
는 전 세계의 배우와 연출가에게 처음엔 커다란 충격으로 다가
왔습니다. 그의 연기술은 미국, 라틴아메리카, 아시아, 연극적
뿌리가 깊었던 일본에도 영향을 주었습니다. 특히 한국에도 배
우, 연출자, 이론가, 교육가들에게 크게 영향을 끼쳤습니다. 이
시간은 스타니스랍스키의 연기술에 대해 이야기 나눠보겠습니
다.

거소 연기는 무엇보다도 정신과 육체에 완전히 집중하는 것이다. 그
것을 위해서는 청각과 시각만이 아니라 오감을 열어 놓아야 한

다. 몸과 생각, 지혜, 감각, 기억, 상상력 또한 열어놓아야 한다. 배우의 정신적 육체적 본성이 완전히 역의 정신에 발생하고 있는 것으로 향해야 한다[20]고 스타니슬랍스키는 말하고 있습니다.

감은 다른 장르의 예술가들은 자신이 영감에 휩싸일 때 작업할 수 있다. 그러나 무대 예술가들은 스스로 영감을 조절해야 하고, 연극 포스터에 적힌 공연시간에 배우의 영감을 정확하게 끄집어낼 수 있어야 한다[21]고 기술하고 있습니다. 그런데 공연시간에 맞춰 영감을 끄집어 낼 수 있는 겁니까?

거소 영감靈感, inspiration은 영묘한 감응 또는 초자연적인 감각을 말하는 것인데 인간인 배우가 의지적으로 원하는 시간에 그것을 끄집어 낼 수 있겠습니까?

감은 진정한 예술은 자신의 무의식 속에 있는 예술적 본성을 어떻게 의식적으로 일깨워 초 의식적인 창조 과정 속으로 들어갈 수 있는가를 연구하는 것이다[22]라고 기술하고 있습니다.

거소 배우가 창조과정까지는 연구할 수 있겠습니다만 무의식 속에 있는 걸 의식적으로 일깨워 초의식적인 창조과정을 연구하라는 데……. 이런 거 때문에 메소드 배우들이 수렁에 빠졌고 정신병자 취급까지 받았던 겁니다.

감은 재능, 영감, 잠재의식, 체험이 무엇보다 중요하며 테크닉은 그것들을 위해 존재한다고 그는 말하고 있습니다.

---

20) 스타니슬랍스키. 『나의 예술인생』. 강량원 옮김. 책숲, 2012. p.538.
21) 앞의 책. p.716.
22) 앞의 책. p.720.

거소　잠재의식, 영감 등은 배우가 의식적으로 다룰 수 있는 사안이 아닙니다. 인간의 한계를 넘어서 있는 것들을 순수한 배우들에게 메소드란 가면을 쓰고 강요해서는 안 됩니다.

감은　천재적인 배우일수록 그 기적의 비밀은 더욱 감추어져 있다. 그의 내부에 감추어져 있는 잠재의식을 파헤쳐 그 속에 잠들어 있는 영감을 깨우기 위해서는 인식 가능한 창조의 기술적인 방법이 더욱 더 필요한 것이다[23]고 스타니스랍스키는 계속해서 주장하고 있습니다.

거소　잠재의식을 파헤쳐 영감을 깨운다……. 저는 듣기만 해도 어지럽습니다.

감은　아, 거소 선생도 한때는 스타니스랍스키 메소드의 추종자이셨죠? 직접 그 시스템을 경험한 내용을 말씀해 주시지요?

거소　예. 저도 스타니스랍스키 시스템에 깊게 빠졌던 적이 있었습니다. 그 때는 그 메소드가 연극 연기의 절대적인 바이블이라 생각하고 믿고 순종했습니다. 13년이란 긴 시간을 그 시스템의 수렁에서 허우적거리며 살다가 힘겹게 빠져 나왔습니다.

감은　아니- 13년 동안이나 그 수렁에 빠져 있었단 말입니까?

거소　좋은 말로는 제가 순수해서 그렇고, 세상적인 잣대로는 영특하지 못했던 거죠.

감은　잠깐만요. 그러니까 스타니스랍스키의 시스템이 연기자들에게

---

23) 앞의 책. p.719.

수렁이란 말씀입니까?

거소   아니요. 모든 배우에게 다 그렇다고는 볼 수 없지요. 현재도 스타니스랍스키의 시스템을 믿고 의지하는 분들이 있습니다. 하지만 저와 그리고 그의 시스템을 정말 믿고 의지했던 수많은 사람들에겐 분명히 수렁이었다고 말씀드리고 싶습니다.

감은   우리의 대화는 좀 더 신중하게 진행되었으면 합니다. 스타니스랍스키 시스템은 20세기에 전 세계의 배우와 연출가에게 커다란 충격과 영향을 끼친 메소드입니다.

거소   그렇습니다. 스타니스랍스키 메소드 중에는 분명 좋은 부분도 있습니다. 그러나 핵심적인 것에 이르게 되면 배우를 수렁으로 빠뜨리는 결과를 낳고 있습니다. 오류의 메소드라고 말씀드리고 싶습니다. 이건 분명히 말씀드리지만 순전히 저 개인적인 경험에서 나온 말입니다.

감은   물론 좀 전에 말씀을 나눴던 잠재의식, 영감, 초의식적인 부분은 많이 황당합니다. 다른 부분에 대해서도 말씀을 해주십시오.

거소   그는 『나의 예술인생』에서 이렇게 이야기합니다. 네미로비치 단첸코와 나는 연출로서 과거에 우리는 함께 같은 연출 테이블에 앉아서 똑같은 공연을 연습했다. 지금은 각자의 테이블이 있고 각자의 작품이 있다. 그것은 자연스러운 현상이다. 모든 화가와 배우, 예술가는 완전한 성취를 이루기 위해 결국 자기의 본성과 재능의 특수성이 이끌어내는 자신만의 길에 서게 되는 것[24]이라

---

24) 앞의 책. p.545~46.

고 말하고 있습니다.

감은 그러니까 모든 화가와 배우, 예술가가 완전한 성취를 이루기 위해 자기의 본성과 재능의 특수성이 이끌어내는 자신만의 길에 서게 된다는 말은 결국 어느 특정인이 만든 연기시스템을 다른 배우들이 그대로 익히고 훈련하는 것은 잘못된 것이라고 스스로 말하고 있는 거 아닙니까? 어 이거 우리가 말꼬리를 잡고 늘어지는 대화가 돼서는 안 되는데요.

거소 말꼬리를 잡는 게 아닙니다. 이건 연기지망생들의 삶을 좌우하는 겁니다. 연기자에게 이건 중요한 사안입니다. 수렁으로 한 번 빠지게 되면 많은 시간을 허비하게 됩니다. 삶과 인생을 재현하는 것이 연기입니다. 곧 연기는 인생의 모습입니다. 연기에 정답이 있습니까? 교수님 우리의 인생에 정답이 있습니까?

감은 인생의 정답은 하나님이 가지고 있겠지요.

거소 인생의 정답은 세상을 창조하신 하나님이 가지고 계시는 것이라면 각각의 인생들은 정답을 추구하지만 결국 개개인의 답을 가지고 살아갈 뿐이겠지요.

감은 잠깐만요, 잠깐만요! 스타니스랍스키의 시스템은 연기자들이 연기를 잘할 수 있게 도와주려고 만든 시스템입니다. 그러니까 그 시스템이 연기자와 맞지 않으면 그 시스템을 사용하지 않으면 되는 거 아닙니까?

거소 그렇습니다. 그 시스템이 연기지망생과 맞지 않으면 그 메소드를 사용하지 않으면 됩니다. 그런데 문제는 기성연기자나 연출자나 특히 연기지망생들은 그 시스템이 좋은 것인지 나쁜 것인지 짧은 시간 안에 분별하기가 쉽지 않다는 겁니다.

감은 아니 기성연기자나 연출자들도 그 시스템이 좋은지 나쁜지 쉽게 구별하기가 어렵다는 말씀입니까? 아 그래서 거소 선생님이 13년 동안이나 스타니스랍스키의 수렁에 빠졌다고 말씀하셨군요.

거소 19~20세기를 살아가던 수많은 연극인들, 특히 연기자들은 무대 위에서 더욱 멋지고 아름다운 연기를 하고 싶어했습니다. 그 때 스타니스랍스키의 시스템이 등장한 겁니다.

감은 그럼 그 때까지 다른 연기술의 시스템은 없었습니까?

거소 시스템을 굳이 말씀을 드린다면 2,500여 년 전의 아리스토텔레스는 시와 말, 비극, 희극, 음악 등을 소리를 사용하는 모방 기술의 수단들[25]이라고 말했습니다. 아기가 엄마의 입모양과 행동을 모방하며 말을 배우듯 모방은 창조의 어머니라는 시스템을 제시했습니다. 500여 년 전의 셰익스피어는 인간 세상을 그대로 비쳐주는 거울 같은 연기술의 시스템을 제시했습니다.[26] 250여 년 전의 드니 디드로는 자신이 모방해야 할 모델을 머리에 설정하고 꾸준한 노력과 폭넓은 경험 등을 통해 이성적으로 그것에 접근해 가려는 노력과 의지[27]를 시스템으로 제시했습니다. 이 모든 시스템은 자연스러운 인간 세상과 함께 가는 방법들입니다.

감은 뭐 그건 엄격한 의미에서 시스템이라고 볼 수도 없겠네요.

---

25) 아리스토텔레스. 『시학』. 이상섭 옮김. 문학과지성사, 2013. p.98.
26) 셰익스피어. 『4대 비극』. 정해근 옮김. 두로, 1997. p.57.
27) 스타니슬랍스키. 『나의 예술인생』. 강량원 옮김. 책숲, 2012. p.7~8.

거소   만약에 어떤 사람이 삶의 시스템을 만들어놓고 그 방법으로 생각하게 하고, 감정을 느끼게 하고, 표현하기를 요구한다면 어떨까요?

감은   오! 그건 생각만 해도 끔찍한 일이지요.

거소   인간의 자유로운 생각과 행동과 표현을 규제하는 구속의 상태가 될 것입니다. 지금의 북한처럼요. 사람의 자유로운 생각과 심리 표현을 구속하는 시스템은 분명히 잘못된 겁니다.

감은   거소 선생께서 무대 위의 배우로서 스타니스랍스키의 시스템을 13년 동안 직접 활용해 보셨으니까 그때 경험한 실질적인 사례들을 말씀해주시면 고맙겠습니다.

거소   알겠습니다. 배우수업의 최초의 테스트, 연기가 예술이 되는 경우, 행동, 상상력, 주의 집중, 근육의 완화, 단위와 목표, 신뢰와 진실의 감각 등을 처음 접한 메소드는 저에게 신뢰와 믿음으로 다가왔습니다.

감은   네...?

거소   누구보다 연기 욕심이 많았던 저는 스타니스랍스키의 시스템은 연기술의 바이블과 같은 것이라고 믿었습니다. 그 동안 제가 소유하고 있던 저의 귀하고 소중한 모든 연기술을 내려놓으면서 바보처럼 스타니스랍스키 시스템에 빠져들게 됩니다. 시스템의 연기술이 잘못되었다는 것을 10여년 만에 깨닫게 됩니다. 그 시스템의 수렁에서 빠져 나오는데 3년이란 세월이 걸렸습니다. 장장 13년이 넘게 그 시스템의 수렁에서 참으로 힘든 고통의 시간들을 보냈습니다.

감은 스타니스랍스키의 메소드를 사용했을 때 무엇이 어떻게 잘못되었다는 것인지 좀 더 구체적으로 설명해 주시겠습니까?

거소 작품을 통해 배역을 맡고 역할을 창조하기 위해 몸과 생각, 지혜, 감각, 정서의 기억 등 배우의 정신적 육체적 본성이 역의 인물을 진실하게 표현하기 위해 역의 인물로 잠자리에 들었습니다. 아침엔 역의 인물로 일어났고, 걷고 행동하며, 일상에서도 역의 인물로 살아갔습니다. 무대 위에서 온전하게 역의 인물로 살아가기 위해 집중하고 몰입했습니다.

감은 그런데요?

거소 공연 때 집에서 극장으로 이동하면서도 배역인 인물의 정서와 감성을 유지하며 이동했습니다. 그런데 나의 감성을 무너뜨리는 적들을 만나게 됩니다.

감은 적들이라고요?

거소 당시엔 나의 몰입과 정서를 깨뜨리는 요인들은 모두 적으로 생각됐습니다. 가령 내 차로 공연장으로 이동하는 과정에서 빨간 신호등에 걸려 횡단보도를 건너는 모르는 사람과 기분 나쁜 시선만 마주치게 돼도 나의 예민한 심리와 감정이 요동치며 몰입은 산산이 깨졌습니다.

감은 일반인들도 횡단보도를 건너는 모르는 사람과 기분 나쁜 시선만 마주쳐도 불쾌해지죠. 그런데 예민한 감성의 소유자들은 그 순간 몰입이 깨지고 감성이 무너져 내리겠지요.

거소 대중교통을 이용하여 이동할 때에도 역의 인물에 빠져들기 위해 자유롭지 못한 심신을 보호하며 이동합니다. 우연히 다른 사람과 어깨라도 부딪히면 역할에 대한 집중과 몰입이 깨졌고, 외적인 부딪힘의 충격은 한 동안 몰입을 방해했습니다.

감은 일상에서부터 공연까지 역할에 몰입한다는 일은 정말 힘들겠는데요.

거소 어렵게 극장에 도착하고서도 많은 문제가 발생됩니다. 자기 역할에 몰입하고 집중하려면 다른 배우들과 소통하거나 교류도 할 수 없었습니다. 다른 배우들을 스스로 왕따 시키며 혼자 연기를 잘해 보겠다고 나만의 공간을 확보하고 역할에 몰입하고 있었습니다. 문제는 그렇게 해서 공연이 잘 되는 경우도 있었지만 공연을 망치는 경우가 더 많았습니다. 공연이 끝나고 무대에 홀로 앉아 공연이 잘못된 원인을 찾았습니다. 메소드의 배우로서 온전하게 역할에 빠져들지 못했다는 자괴감에 빠져 스스로를 학대까지 하게 됐습니다.

감은 오! 메소드 연기를 했던 배우들이 시스템이 잘못되어서가 아니라 메소드 연기를 제대로 실행하지 못해서 연기를 망쳤다고 생각하며 자신을 오히려 더 학대하게 되는군요.

거소 사실 시스템의 오류 때문인데 저는 자신이 역할에 집중하지 못했기 때문이라며 자신을 탓했습니다. 특히 저와 메소드 배우들을 수렁으로 빠뜨린 주범은 바로 화술연기입니다. 배우 연기에 있어서 가장 핵심적인 연기라 할 수 있는 화술연기가 엉망이 되어 버렸습니다.

감은 메소드 연기를 접하기 전 거소 선생의 배우로서 화술연기는 어떠했습니까?

거소 그 전의 저의 화술연기는 자연스럽고 발음도 명확하고 살아있는 화술연기를 한다는 평을 들었습니다. 그런데 스타니스랍스키의 시스템에 의지하고부터는 화술연기 훈련을 따로 해서는 안 되고, 할 필요가 없다는 생각을 갖게 됐습니다.

감은 따로 화술연기를 할 필요를 못 느꼈다고요?

거소 역의 인물이 처한 상황에 꼭 맞는 정서 안에서 예리한 감정의 대사를 쫓다보니 기존에 지니고 있던 나의 화술연기는 필요 없다는 생각을 갖게 됐습니다. 인물의 정서와 감성에 정확하게 일치했다고 느끼는 화술연기만이 진짜라고 여기게 됐습니다. 물론 가끔은 대사와 연기가 내가 느끼기에 최고의 공연이었다고 생각되는 날도 있었습니다. 그러나 변덕이 심한 마음이 조금만 흐트러져도 화술연기를 버벅거리게 되고, 중심을 잃게 됩니다. 공연이 끝나고 텅 빈 무대에 주저앉아 한심한 나의 연기술을 성토하며 무엇이 잘못되었는지를 찾으려고 고통스러워했습니다. 결국 메소드의 수렁에서 발버둥 쳤던 상황들은 나의 정신까지 혼란스럽게 만들었습니다.

감은 스타니스랍스키 시스템을 접하고 나서 정말 힘들었겠습니다.

거소 메소드 배우가 매순간 자기를 다스려서 역의 인물에 딱 맞는 정서와 감정으로 대사를 하는 것은 거의 불가능하다고 지금은 말할 수 있습니다. 바닷가로 반복해서 밀려오는 파도는 단 한 차례도 똑같은 파도가 있을 수 없더군요. 바람과 바다와 물결에 따라 파도의 내용이 모두가 달랐습니다. 자연의 일부인 사람도 똑같은 대사를 백 번 반복하여 대사하면 백 번 모두가 다 각각 다르게 나오게 됩니다. 호흡과 발음이 다르고 어미가 다르고 감성과 심리가 다르고 매순간 육신의 세포와 심리가 변화되며 새롭게 만들어지기도 하고, 노화가 진행되기도 하며 지금도 변화되고 있기 때문입니다. 그런데 똑같은 정서에 맞는 감정의 대사를 구사하려고 했으니 헛되고 헛된 일이었지요. 그것을 귀한 시간을 투자한 경험을 통해서야 깨닫게 됐습니다.

감은　　사람의 마음과 정서는 물이 흐르듯 매순간 자연과 함께 변화되고 있군요.

거소　　메소드 시스템이 잘못된 것임을 10여 년의 실질적인 무대경험을 통해 뼈저리게 알게 됐습니다.

감은　　분명히 시스템의 큰 오류입니다. 그런 시스템을 만들게 된 요인이 뭡니까?

거소　　스타니스랍스키가 메소드를 만드는 과정에서 타인의 경험을 간접 경험하며 만들었다는 데 가장 큰 문제들이 발생되었던 것 같습니다.

감은　　타인의 경험이요?

거소　　연기를 잘하는 배우들을 좇으며 시스템을 연구했습니다. "위대하고 뛰어난 재능을 가진 다른 배우들이 새로운 역에 다가가는 것을 좇았다. 나는 그들이 연기하는 것을 객석에서 관찰했고 나 자신에게서처럼 그들을 통해서도 많은 경험을 얻었다. 나는 그들을 괴롭혔다. 그들은 화를 내면서 내가 연극을 과학자의 실험으로 바꾸어 놓는다고, 배우는 실험용 토끼가 아니라고 불평했다"[28]고 기술하고 있습니다. 그리고 그 시스템을 계속 수정·보완해 갔습니다.

감은　　타인의 경험은 나의 진정한 경험이 될 수 없지요?

거소　　스타니스랍스키는 자신이 만든 시스템을 다른 배우들에게 전파하는 과정에서 "거의 일 년 동안 나는 모든 연습 장소에서 사무실에서 복도에서 분장실에서 거리에서 우연히 마주쳤을 때조차 다른 배우들에게 나의 새로운 신념을 전파했다. 그러나 아무 성과도 거두지 못했다. 많은 사람이 의미심장한 침묵을 지키면서 정중하게 내 말을 듣고는 나에게서 멀어지며 수군거렸다. 그러면 왜 자기는 점점 더 연기를 못하게 되는 거지? 이론이 없었을 때 훨씬 잘하지 않았어? 어쨌든 옛날에 연기할 때는 정말 진지했어!"[29]라고 주위의 동료 배우들의 평을 기술하고 있습니다.

감은　　당시 주위 동료들이 시스템을 거부하고 있었음을 알고 있었군요. 스타니스랍스키는 연기를 잘하는 배우였습니까?

거소　　아닙니다. 그는 스스로를 평가할 때 자신은 연기를 못한 배우라고 말하고 있습니다. "나는 불행하게도 꺽다리였고 굼떴으며 우

---

28) 앞의 책. p.535~36.
29) 앞의 책. p.619~20.

아하지 않았다. 많은 음의 발음이 정확하지 않았다. 나는 특히 눈에 띄게 덤벙거렸다. 나는 나의 천성적인 조건들과 싸우기 시작했다. 목소리, 발음, 제스처를 바로잡으려고 노력했다. 나는 예술적인 고통을 찾았고 그것 때문에 괴로웠다. 나 자신과의 싸움은 나를 거의 미칠 지경에까지 몰고 갔다"[30]고 기술하고 있습니다.

감은 스타니스랍스키 시스템이 책으로 처음 나온 게 언제입니까?

거소 모스크바 예술극장은 유럽과 미국 순회공연을 1922년 9월부터 1924년 8월에 이르는 긴 순회공연에 들어갑니다. 『나의 예술생애』는 그의 나이 61세 때인 1924년에 미국인 출판업자에 의해 번역된 영어판 책입니다. 그리고 그 책은 1928년과 1936년에 다시 개정되었습니다.

감은 미국인 출판업자에 의해 처음으로 출판이 되었는데 미국에서는 스타니스랍스키의 시스템을 어떻게 평가하고 있습니까?

거소 스타니스랍스키 시스템은 미국에서는 메소드Method로 알려져 있습니다. 이 시스템이 소개된 후 초창기엔 미국의 연기 스타일에 변화를 주었습니다. 리차드 보레스랍스키Richard Boleslavsky, 리 스트라스버그Lee Strasberg, 헤롤드 클러먼Herold Clurman, 스텔라 애들러Stella Adler, 로버트 루이스Robert Lewis, 소냐 무어Sonia Moore와 같은 연기교육자와 배우들을 통하여 시스템이 전파됐습니다.[31] 그러나 그의 시스템을 연구한 많은 사람들은 시간이 지날

---

30) 앞의 책. p.138.
31) 나상만. 『스타니스랍스키 어떻게 볼 것인가?』. 예니, 2002. p.9~10.

수록 그의 이론에 대해 문제를 발견하게 되고 전혀 다른 해석들을 하게 됩니다.

감은 그의 시스템에 대해 문제를 발견하고 다른 해석들을 한다고요?

거소 특히 그룹 시어터에서 스타니스랍스키 시스템을 연구하며 실험하게 됩니다.

감은 그룹 시어터요?

거소 그룹 시어터는 현역 배우들의 공동체였습니다. 그 시대의 개인적, 사회적 현실의 성실한 연극을 지향하면서 진리와 진실을 위하여 배우들을 조직적이고 실험적으로 훈련하며 성장한 그룹 씨어터는 1935년에 창단하여 1941년에 해산하였습니다.

감은 6년 만에 해산하게 되는군요. 그 이유가?

거소 스타니스랍스키 메소드 이론에 대해 전혀 다른 해석의 불일치로 그룹시어터의 중심 멤버인 리 스트라스버그와 애들러는 결별하게 됩니다. 결국 스타니스랍스키의 시스템을 추종한 리 스트라스버그는 스타니스랍스키 메소드를 수정, 발전시켜 배우들의 심신을 훈련하는 메소드 연기의 교육자가 되어 그 후 20년 간이나 메소드 연기교실을 운영합니다. 연기 교육자 리 스트라스버그는 스타배우도 만들어냈지만 아이러니하게도 많은 배우들을 연기술의 미로에 빠뜨렸다는 평가를 받습니다. 그 후 메소드 연기는 수많은 미국의 현역 배우들로부터 외면받기 시작합니다.

감은 메소드 연기술이 미국의 현역배우들로부터 외면 받게 된다고요?

거소   그 어떤 시스템이 자유로운 사람의 생각과 감성과 마음까지 규제하는 것은 공산주의 국가에서나 일어날 수 있는 잘못된 일이라고 조롱합니다. 1960년대 이후부터 미국에서는 메소드 배우 Method Actor라는 말은 연기자에게 있어 부정적인 함축의 의미를 지닌 단어로 불리게 됩니다. 더듬거리는 말투를 가진 배우는 메소드 배우이다. 정신병자 같이 정신분석을 할 정도까지의 내성內省의 배우도 메소드 배우이다. 배우의 내면 정신에만 모든 의미를 갖는 배우도 메소드 배우이다.[32]라고 조롱했습니다.

감은   미국은 1960년대부터 메소드 배우는 비웃음과 조롱거리의 의미를 가진 부정적인 단어가 되었군요. 그럼 일본에서는 어떤 평가를 받습니까?

거소   일본에서도 스타니스랍스키 시스템은 어느 시기가 지나자 많은 배우들로부터 외면당하게 됩니다. 스타니스랍스키의 저서 『배우의 자신에 대한 작업』을 번역했던 연출가 센다 고레야千田是也는 그의 저서 『나의 연극 수첩』에서 일본의 유능한 여배우의 말을 이렇게 인용하고 있습니다. "스타니스랍스키라고 듣기만 해도 기분이 나빠진다"[33]고 기술하고 있습니다.

감은   일본의 유능한 여배우가 스타니스랍스키라고 듣기만 해도 기분이 나빠진다고 말했다는 것은 그의 시스템 때문에 많은 고생을 했다는 말씀이군요.

거소   스타니스랍스키의 제자였던 미하일 체홉Michael Chekhov, 1891~1955

---

32) 앞의 책. p.10.
33) 앞의 책. p.9.

은 러시아의 배우이자 연출가이며, 20세기 배우 연기술의 발전
에서 중요한 방법론 중 하나를 확립한 이론가이기도 합니다. 그
는 작가 안톤 체홉의 조카입니다.

감은　리얼리즘의 대가 안톤 체홉의 조카이고 스타니스랍스키의 제자
　　　　라구요?

거소　네. 미하일 체홉은 어려서부터 재능과 상상력이 풍부했습니다.
　　　　1907년 알렉세이 수보린 연극 학교에 들어갔고, 1912년 안톤 체
　　　　홉의 아내이자 모스크바 예술극장의 주연 배우였던 올가 크니페
　　　　르체호바의 추천으로 모스크바 예술극장에 입단하게 됩니다.

감은　네.

거소　모스크바 예술극장 제1스튜디오에서 미하일 체홉은 스타니스랍
　　　　스키를 비롯하여 술레르지츠키 등 훌륭한 스승을 만나 영향을
　　　　받았는데, 무엇보다도 그의 연극 인생에서 매우 큰 자리를 차지
　　　　하고 있는 연출가 박탄고프를 만나 그의 제자이자 동료, 친구로
　　　　서 그가 암으로 일찍 세상을 뜰 때까지 깊은 예술적 교감을 나
　　　　눕니다. 1928년 미하일 체홉은 소비에트 러시아를 떠나 파리,
　　　　빈, 베를린을 비롯한 유럽의 여러 나라에서 활동하게 됩니다.

감은　1928년에 러시아를 떠나 외국생활을 시작하게 되는군요.

거소　스타니스랍스키가 창안한 연기체계를 '시스템'이라 일컫는 것이
　　　　일반화 되어 있는 것처럼, 미하일 체홉의 연기 방법론을 논할 때
　　　　'테크닉'이라는 단어를 쓰는 것이 보편적입니다. 체홉이 스스로
　　　　자신의 방법론을 일컬어 특별히 '테크닉'이라 불리기를 원한 적

은 없지만, 그의 자서전『배우의 길』에서 시대가 요구하는 새로운 배우는 새로운 테크닉을 필요로 하고, 배우는 영감의 창조자로서 테크닉을 연마해야 한다고 주장한 것처럼 평생에 걸쳐 배우의 예술적, 기술적 테크닉의 습득을 주장한 그의 연극적 가치관과 연관되어 있다고 보아도 무방할 것입니다.[34]

감은   그런데요?

거소   1929년에 베를린의 한 카페에서 미하일 체홉은 그의 스승 스타니스랍스키를 만나게 됩니다.

감은   스승과 제자가 타국인 독일에서 만나 무슨 얘길 나눴습니까?

거소   제자였던 미하일 체홉은 스승에게 스타니스랍스키 시스템에 의존하고 있는 연기자들을 통제할 수 없는 히스테리로 몰고 갈 수 있다고 말합니다. 수많은 연기자에게 해로운 훈련 시스템을 만들고 있다고 비난했습니다. 갑자기 스승과 제자가 바뀌는 순간이었습니다. 미하일 체홉은 감정의 기억 대신 순수한 상상력으로 이를 대치할 것을 권유했다[35]고 합니다.

감은   제자가 타국에서 만난 스승에게 스승이 만든 시스템 중 문제가 되는 부분을 구체적으로 지적하고 대안까지 제시하는 게 쉬운 일은 아닌데…….

거소   미하일 체홉은 마음의 3가지 기능 중 첫 번째는 꿈꾸는 것, 두

---

34) 미카엘 체홉. 『배우의 길』. 이진아 옮김. 지식을 만드는 지식, 2009. p.131~33.
35) 조한준. 「미하일 체홉 연기 테크닉의 실제와 적용에 관한 연구」. 한양대학교 박사학위 논문. 2015, p.20~21.

번째는 생각하고 기억하는 것, 세 번째는 상상하는 것이라고 했습니다. 감정의 기억 대신 오직 상상만이 예술 창조의 효과를 가질 수 있다고 주장합니다. 그러나 스타니스랍스키는 이 주장에 동의하지 않습니다.

감은 　1929년이면 제자의 충언을 들을 수 없는 상황이었겠지요. 영국에서는 스타니스랍스키의 시스템에 대해 어떤 반응을 보였습니까?

거소 　영국의 로얄셰익스피어 국립극단은 스타니스랍스키 시스템 중 내면적인 역할 이입에 큰 거부반응을 보였습니다. 배우가 경험하지 못한 귀신이나 요정은 어떻게 표현할 것인가? 스타니스랍스키의 시스템인 마음과 감성에 의지한 내면적인 연기에 대해 크게 부정적이었습니다.

감은 　당시 영국의 대표 배우 로렌스 올리비에는 어떤 연기술을 추구했습니까?

거소 　영국의 국민배우 로렌스 올리비에는 외적인 감각이나 변화에 의지하는 연기술을 추구해 왔습니다. 그는 "나는 주로 시각적인 것에서 시작합니다. 내가 보는 어떤 남자가 내게 아이디어를 줍니다. 나는 종종 분장으로부터 이 역할을 어떻게 연기해야 한다는 것을 결정하기도 합니다"[36]라고 말하고 있습니다.

감은 　외적인 감각에 의지하는 연기를 했군요. 한국에도 스타니스랍스키의 시스템을 넘어서는 실력 있는 연출자와 배우들이 많이 있

---

36) 브라이언 베이츠. 『배우의 길』. 윤광진 옮김. 예니, 1997. p.45.

지 않습니까?

거소 그렇습니다. 많은 연출자와 배우들이 스타니스랍스키의 시스템을 넘어서서 연극 활동을 하고 계십니다. 저는 스타니스랍스키 시스템 때문에 연극적으로 많은 시행착오를 겪었습니다. 그러나 더 이상 후배님들은 저와 같이 스타니스랍스키 메소드 수렁에 빠지는 일이 없기를 당부 드립니다.

감은 고대 그리스 연극을 보더라도 2,500여 년의 긴 세월 동안 이렇다 할 연극시스템은 존재하지 않았습니다. 인간의 삶이 즐겁고 행복하고 고통스러운 이유는 감성과 이성과 마음 때문입니다. 자연이 매순간 변화되고 있듯이, 인간의 마음도 변화되고 있습니다. 인간의 욕구와 욕망 덩어리인 마음을 어떤 그릇에 담아 그대로 보관할 수는 없습니다. 500년 전의 햄릿보다는 지금 생생하게 살아 있는 나만의 햄릿이 되어야겠습니다. 거소 선생 말씀 감사합니다.

13

메이에르홀드 연기술

갑은 메이에르홀드 1874~1940는 40여 년 간 수많은 연극실험을 통해 다양한 연극형식을 보여주며 연극계의 피카소Picaso, 극장의 시인이자 형식의 창조자로 불리었습니다. 메이에르홀드는 신체훈련을 강조하며 외부에서부터 내적 진실을 이끌어 내려고 노력했습니다. 메이에르홀드에 대해 말씀을 나눠보겠습니다.

거소 메이에르홀드는 모스크바 남동쪽의 뻰자Пенза에서 러시아로 이주한 유태계 독일 중류 가정의 8번째 아이로 태어났습니다. 그의 가정교육에는 피아노와 연극 공부도 포함되어 있었고, 고등학교를 졸업하고 21살이 되던 해인 1895년 고향을 떠나 모스크바 대학 법학과에 입학합니다.[37]

감은   법학을 공부했다고요?

거소   메이에르홀드는 법학 공부보다는 발레, 오페라, 연극에 관심을 쏟았습니다. 여름이면 고향에 내려가 연극을 하는 등 공연예술에 더 열성적이었습니다. 드디어 그는 1896년 법학공부를 중단하고 96년 9월 1일, 모스크바 필하모니 부속 음악드라마 학교의 입학시험을 치릅니다. 그의 스승은 네미로비치 단첸코였습니다.

감은   스타니스랍스키의 동지이자 모스크바 예술극장 창립 파트너인 네미로비치 단첸코의 제자가 되어 연극공부를 시작하게 되는군요.

거소   네미로비치 단첸코는 연극학교 생활 기록부에 이렇게 기록합니다. "메이에르홀드는 배우로서 15개 이상의 역할을 맡았고 학생 같지 않게 이미 여러 경험을 갖고 있었다. 다른 남학생들과는 다르게 작업에 진지하고 성실하게 참여한 학생이다. 아주 다양한 역할을 훌륭하게 연기하였다"고 기록하고 있습니다. 메이에르홀드는 졸업할 때 최우수 학생으로 연극학교를 졸업합니다.[38]

감은   메이에르홀드는 배우로서 15개 이상의 작품을 소화하며 아주 다양한 역할을 훌륭하게 연기했군요.

거소   메이에르홀드는 좋은 조건을 제시하는 다른 상업 극단들의 입단 권유를 물리치고 스승 네미로비치 단첸코의 추천으로 새로 결성된 모스크바 예술극장의 창단 멤버로 입단하게 됩니다. 그의 결

---

37) 이주영. 『연출가 메이예르홀드』. 연극과 인간, 2005. p.40.
38) 앞의 책. p.45.

단은 스승인 네미로비치 단첸코와 당시 연출가, 배우로 활동하던 스타니스랍스키에 대한 신뢰에 기반한 것이라 할 수 있습니다.[39)

감은   스승에 대한 신뢰을 기반으로 모스크바 예술극장 창단 멤버가 되는군요.

거소   메이에르홀드는 모스크바 예술극장에서 '갈매기' 트레플레프 역을 비롯한 18개 이상의 역할을 맡아 배우로서, 때로는 조연출로서 활발히 활동합니다. 그러나 네 번째 시즌에 모스크바 예술극장의 내부 분열은 점점 심화되어 기대와 열정을 지니고 전문 배우로 참여했던 메이에르홀드는 모스크바 예술극장에서의 활동은 유종의 미를 거두지 못하고 극단을 떠나게 됩니다.

감은   모스크바 예술극장을 떠났는데 그럼 어디로 갔습니까?

거소   여행을 갑니다. 이탈리아 여행에서 돌아온 그 해인 1902년 가을에 메이에르홀드는 우크라이나의 헤르손Херсон에서 시립극장 운영 계약을 체결하고 〈세 자매〉를 필두로 극단장, 연출가, 배우로 3가지 역할을 수행하게 됩니다.

감은   업무가 너무 과중한데요?

거소   좋은 배우, 재능 있는 연출가, 능력 있는 기획자로 헤르손 평단의 호평과 주목을 받습니다. 메이에르홀드는 한 시즌의 115회 공연 중에 83회나 배우로 출연하며 연기에 대한 열정을 표출하였습니다. 특히 정신적, 예술적 지주인 체호프의 〈세 자매〉를

---

39) 앞의 책. p.46.

시즌 첫 공연과 마지막 공연작품으로 올렸습니다.

감은   체호프가 예술적, 정신적인 지주였군요.

거소   3년의 자유로운 연극 실험과 도전의 결과로 1905년 메이에르홀
드는 당대 가장 실험적이며 진보적인 연출가라는 평가를 받게
됩니다.

감은   이때부터 실험적이며 진보적인 연출가라 불리는군요.

거소   1913년 출판된 그의 저서 『연극에 대하여』 3장에 연출가의 영혼
을 통해 극작가의 영혼과 결합된 모든 방법을 배우가 자신의 영
혼을 드러내도록 도와야만 한다고 말하고 있습니다. 4장에서는
연극의 두 개의 중요한 기반인 연기자와 관객의 상호교류가 발
생하면서 연극은 비로소 창조되는 것이다. 관객이 연출가의 비
전을 보는 삼각형 연극을 배격하면서 '연기자가 관객에게 자신
의 영혼을 자유롭게 나타내는' '직선 연극'을 제안합니다.

감은   배우가 관객에게 자신의 영혼을 자유롭게 표현할 수 있는 직선
의 연극을 제안하고 있군요.

거소   메이에르홀드는 '형상화'라는 배우의 과제는 외면에서 내면으로
나타난다고 해석하였습니다. 그리고 그는 "심리적인 기반 위에
서 만든 연극은 모래 위에 지은 집처럼 반드시 무너질 것이다.
반면에 신체적인 요소에 의존하는 연극은 최소한의 명료함을 확
신한다"며 역할을 신체적으로 구축하는 것을 연기의 핵심으로
간주하였습니다.

감은   심리적인 기반 위에서 만든 연극은 모래 위에 지은 집처럼 반드시 무너질 것이란 말은 스타니슬랍스키의 정서적 기억인 심리에 의지하는 감정 연기를 지적한 것이군요. 반면에 신체적인 요소에 의존하는 연극은 디드로의 외적인 연기를 지향하고 있다고 볼 수 있겠군요?

거소   스승 스타니슬랍키의 심리에 의지하는 연기는 분명하게 반대하고 있습니다.

감은   메이에르홀드의 생체역학의 반사행동 훈련방법들은 처음에 어떻게 시작된 겁니까?

거소   파블로프의 개로 알려진 실험을 잘 아실 겁니다. 침이 입 밖으로 나오게 수술한 개에서 침샘을 연구하던 중 사육사의 발자취로 개가 타액을 분비하고 있는 것을 발견하고 계속 실험을 실시하여 1904년에 노벨생리학·의학상을 수상합니다. 러시아인 최초로 노벨생리학 수상자가 된 파블로프는 '조건반사'conditioned reflex라는 말을 세상에 내놓게 됩니다.

감은   아, 개가 외적인 벨소리만 듣고도 침샘에서 타액을 분비하는 조건반사요? 생리학자이자 심리학인 파블로프의 생리학의 조건반사 영향을 많이 받았겠군요.

거소   그렇습니다. 메이에르홀드는 그의 스승인 스타니슬랍스키를 존경했습니다. 하지만 정서적 기억이나 심리에 의지하는 연기술을 거부하고 대체 방법들을 연구하던 중 신체 움직임의 법칙을 과학적으로 규명하는 체계적인 학문이 필요했는데, 그는 생체역학의 이론적 토대를 파블로프, 구스체프 등의 반사이론과 테일러의 노동경제학에서 찾았습니다.

감은   그에게는 보다 이성적이고 합리적인 방법론이군요. 생체역학에 대해 말씀해주세요?

거소   메이에르홀드는 생체역학을 공간에서 이루어지는 인간의 신체 율동을 근간으로 하는 창작행위로 규정했습니다. 다시 말해 생체역학은 배우가 자신의 신체표현 수단을 정확하게 사용하는 능력이다. 극중 인물이나 그 인물의 감정을 표현하는 것은 심적 체험 등의 내부로부터가 아니라 외부로부터 정확하게 계산된 행위로부터 시작되어야 한다. 배우의 행위는 체계적인 훈련을 통해 주어진 음악적 리듬감과 반사적인 근육의 흥분성의 발전을 그 기반으로 삼아야 한다고 주장합니다.[40]

감은   메이에르홀드는 배우가 자신의 육체를 이성적인 악기로 사용하라고 하는군요.

거소   그렇습니다. 메이에르홀드는 끊임없는 의문, 즉 배우와 연출가 가운데에서 연극은 누구의 영역인가? 라는 의문과 늘 씨름하였습니다.

감은   연극은 배우와 연출가 가운데 누구의 영역인가란 의문과 씨름하면서 끊임없이 연극에 대해 연구해 나갔군요.

거소   메이에르홀드는 당시 유행하던 문학사조와 '진짜 감정'에 대항하여 마임, 동작, 리듬과 같은 그 자신의 연극개념을 형성하는 데

---

40) 앞의 책. p.139~140.

도움이 되는 여러 이념을 끌어들였습니다. 이탈리아의 코메디아 델라르테Commedia dell' Arte에 무대술의 기본적인 원칙들과 17, 18세기 전통적 연극의 방법들에 관심의 빛은 가장 크고 지속적이었습니다.[41)]

감은 자신의 연극개념을 형성하는데 여러 이념과 양식들을 끌어들였군요.

거소 그는 그리스 사람들이 연극의 양식화에 가장 효과적이었다고 느꼈습니다. 다음으로 그는 일본, 인도, 중국 등 동양의 연극 양식을 연구하였습니다. 메이에르홀드는 특히, 고든 크레이그Gordon Craig의 글과 인형극 이념에 관심을 갖고 있었습니다.

감은 배우의 사회적 위치가 바뀌어야 한다고 주장했지요?

거소 그는 배우란 "동시대 연극에서와 같은 돈을 버는 노예, 활기찬 거짓말쟁이, 광대가 아니다. 배우의 사회적 위치도 바뀌어야 한다. 새로운 극장은 사회, 정치적 연구소로서의 기능을 가져야 된다. 배우는 훈련된 두뇌와 육체를 가져야 한다"고 주장했습니다. 이를 위해서 메이에르홀드는 연극적인 표현양식들을 많이 실험하고, 결국 그 방향은 새로운 산업의 생물학의 과학으로 나아가며 구성주의와 생체역학으로 귀결됩니다. 생체역학은 다음처럼 3가지 원칙의 연기요소로 구성됩니다.

1) 의도(Intention) 행위에 대한 준비
2) 실현(Realisation) 행위를 하는 순간의 마음과 신체의 상태

---

41) 앞의 책. p.111.

3) 반응(Reaction) 그 후에 오는 반응

감은 생체역학의 3가지 원칙의 연기요소는 배우의 연기술의 과정이군요.

거소 네, 메이에르홀드의 소논문 「미래의 배우와 생체역학」을 통해 잘 알 수 있습니다. 배우의 재능은 그의 재료를 조직하는 것, 다시 말해 자신의 신체적 표현수단을 올바르게 활용할 수 있는 능력에 달려 있다. 따라서 배우는 동시에 조직자이며 피조직자이다. 즉 예술가이며 그 재료인 것이다. 그리하여 그는 프랑스의 코클린(Koklin) 공식을 기반으로 이상적인 배우연기에 대해 이렇게 정의한다[42]고 기술하고 있습니다.

감은 이상적인 배우연기의 공식이요?

거소 $N = A1 + A2$이다. 여기서 N은 배우입니다. A1은 실현 의도를 인식하고 그 자체의 실행에 필요한 지시를 내리는 설계자입니다. A2는 설계자의 실현 과제를 수행하는 실행자, 곧 배우의 신체입니다.

감은 배우를 설계자와 과제를 수행하는 실행자로 나눴군요.

거소 메이에르홀드의 수많은 공연에서 배우로 활동했던 이고르 일린스키는 1934년에 쓴 자서전에서 "연기의 생체역학 시스템이 무대에서 보다 성공적이고 정확한 형태로 자신의 육체를 사용할 수 있게 하는 방법에서부터 연기술의 보다 어려운 문제들, 연기

---

42) 앞의 책. p.137~38.

자 자신의 감정이나 상상력을 사용할 수 있는 능력, 움직임과 대사를 조정하는 문제까지 다루고 있다는 것을 아는 사람은 별로 없다"[43]고 말하고 있습니다.

감은   메이에르홀드의 제자 일린스키는 생체역학 시스템을 깊게 신뢰하고 있군요.

거소   메이에르홀드의 여러 훈련 중 가장 힘든 점은 체력, 민첩성 및 유연성을 개발하는 것입니다. 팬터마임 및 무용훈련은 배우들이 적절한 말투, 미적 감각, 우아함, 유연함으로 표현력 있게 움직이고, 모든 신체 부위가 외부 자극에 민감하게 반응할 수 있도록 반복 훈련해야 합니다.

감은   신체부위가 외적인 감각들에 민감하게 반응할 수 있는 훈련이군요.

거소   메이에르홀드는 마야코프스키 희곡 중 〈목욕탕〉을 가장 완성도가 뛰어난 작품이라고 평하였습니다. 관료주의를 비웃고 우리 현실의 모든 결정들을 비웃고 있는데, 초연 후 곧 공연 금지 당하게 됩니다. 1930년 마야코프스키는 37세의 나이에 자살합니다. 당시 그의 자살 동기 중 하나가 〈목욕탕〉 공연의 실패라고 알려졌습니다. 하지만 마야코프스키가 자살이 아니라 스탈린 정권에 의해 살해되고 자살로 위장되었다는 설이 제기되었지만 아직까지 미스터리로 남아있습니다. 갑자기 사상적 동지며 예술적 협력자를 잃은 메이에르홀드의 슬픔과 상실감은 말로 표현할 수

---

43) 앞의 책. p.141.

없을 정도로 컸습니다. 사회주의 리얼리즘의 교리화로 인한 창작 활동의 제약 등 예술가로서 비애가 풍자극보다는 비극을 선호하게 합니다.[44]

감은 사상적 예술적 동지를 잃은 상실감이 대단했을 것 같습니다.

거소 1934년 메이에르홀드는 알렉산드르 뒤마의 〈동백꽃 여인〉을 연출합니다. 관객들이 파도처럼 밀려와서 약 700회나 만원사례를 이룬 작품이었습니다. 메이에르홀드와 그의 극장을 탄압하던 스탈린도 관람하고 싶어 했습니다. 스탈린은 측근을 통해 공연 관람 의사를 전달하고 자신이 관람할 특별석을 준비해 줄 것을 요구합니다. 하지만 메이에르홀드는 특별석 설치를 거절합니다. 이는 모든 관객은 평등하다는 그의 지론 때문입니다.[45]

감은 당대 최고의 권력가였던 스탈린의 요구를 거절했군요.

거소 1930년대 들어 메이에르홀드는 사실주의 양식을 수용합니다. 새 극장에서 배우의 풍부한 행위를 관객에게 최대한 제시하고 그들과 함께 예술적 아우라를 창조하고자 민주적인 공간을 원했습니다. 관객을 위해 경사지게 올라간 계단식의 좌석들로 구성된 반원형극장―그리스, 로마, 바그너―은 연극을 전부 폭넓게 볼 수 있는 가장 좋은 관람 조건을 제공한다고 생각했습니다. 그리고 가장 중요한 것은 '일등석도 특별석도' 없는 계급이 없는 극장으로 완전히 새롭고 대중적이며 민주적인 극장 건립을 원했습니다.[46]

---

44) 앞의 책. p.173~74.
45) 앞의 책. p.176~77.

감은   일등석도 특별석도 없는 민주적인 극장이요. 원하던 극장 건립을 했습니까?

거소   못했습니다. 그리고 메이에르홀드는 오랫동안 가슴에 소중히 품고 있던 작품이 있었습니다. 그 작품은 바로 셰익스피어의 〈햄릿〉입니다. 40여 년 간 300여 편의 작품을 연출하였지만 〈햄릿〉만은 쉽게 무대화시키지 못했습니다. 연극배우로서 주인공 햄릿의 성격에 매료되었기 때문입니다. 그는 부조리한 사회의 고독한 천재이자 비판적 사고를 지닌 이상주의자며 고뇌하는 지성인이었던 햄릿 속에서 자신의 모습을 보았기 때문일 것입니다.

감은   남자배우라면 누구나 햄릿의 역할을 연기해보고 싶은 꿈을 품고 있다고 생각합니다. 메이에르홀드의 생체역학 연기에 대해서 좀 더 말씀해 주시겠습니까?

거소   그가 개발한 생체역학이라는 연기이론이 보여주듯이 그는 신체를 통해서 내적인 정서가 표현된다고 믿었습니다. 즉 역동적인 신체훈련을 통해 무대 위에서 배우자신을 통제하며 자신내면의 정서까지도 통제된다고 믿었던 것이지요. 이러한 이유로 그의 연기는 양식화 되었으며 사실주의 연기에 대한 거부, 상징성 연기, 춤과 같은 연기, 즉흥적 연기의 특성을 지니게 되었습니다.

감은   메이에르홀드 연기 특성은 배우의 기량을 강조한 상징성 연기, 춤과 같은 연기, 즉흥적 연기로군요.

거소   배우에게 있어 신체는 중요한 도구이며 수단입니다. 스타니스랍

---

46) 앞의 책. p.191.

스키도 배우의 신체훈련을 중요하게 생각한 연출가였지만 메이에르홀드는 자신의 내면의 정서를 다루는 전적인 것으로 보았다는 것이 다를 뿐입니다. 메이에르홀드의 연극이 배우의 신체를 속박하는 것이 아니라 오히려 자유롭게 하기 위함이라는 사실을 잊어서는 안 된다고 주장하고 있습니다.

감은 배우를 자유롭게 하기 위한 신체훈련을 해야 한다고 주장하시는군요.

거소 메이에르홀드의 생체역학은 21세기 현재 러시아의 연극대학에서 무대동작 및 신체훈련으로 중요하게 다루어지고 있고 미국을 비롯한 서구에서도 부분적으로 활용되고 있습니다.

감은 메이에르홀드의 광범위한 연극 예술을 이렇게 소박하게 간추려 소개하게 된 것에 대해 송구할 뿐입니다. 그는 연극을 끔찍이도 사랑했던 훌륭한 배우였습니다. 그리고 뛰어난 연출가였고 이론가였습니다. 메이에르홀드의 연극정신은 21세기의 연극인들에게 연극은 더 이상 연극으로만 끝나는 것이 아니라 끊임없이 연구하고 혁신하여 사람이 존중받고 행복하게 살아갈 수 있는 사회를 만드는 데 기여해야 한다고 말하고 있습니다. 거소 선생, 귀하고 소중한 말씀 감사드립니다.

14

예지 그로토프스키 연기술

감은 폴란드의 연출가인 그로토프스키Jerzy Grotowski, 1933~1999는 1933
년생입니다. 그가 5살 때인 1938년에는 스타니스랍스키가 75세
로 사망했고 그가 7살 때인 1940년에 메이에르홀드가 66세로 죽
습니다. 그리고 그로토프스키가 23살 때인 1956년에 브레히트가
58세로 죽습니다. 연출가 그로토프스키에 대해 말씀을 나눠보겠
습니다.

거소 근대 연극의 선각자들의 영향을 많이 받은 그로토프스키는 가난
한 연극, 배우와 관객 중심의 연극, 자기의 재능과 자아를 제물
로서 희생하는 '성스러운 배우'로서의 태도를 요구했습니다. 배
우의 기술과 재능이 윤리를 지녀야 한다고 믿었습니다.

감은 배우의 기술과 재능이 사회적 윤리를 지녀야 한다는 말씀이군요.

거소 그로토프스키J. Grotowski는 이상적인 연극이란 텔레비전이나 영화처럼 테크닉이 지배하는 것이 아니라 의상, 장치, 음악, 조명의 도움을 필요로 하지 않는 가난한 연극이라고 주장합니다. 연극의 중심을 이루는 것은 배우의 육체, 근육의 움직임, 리듬, 목소리로 진실한 연기를 하기 위해서는 극한까지 자기 자신과 맞부딪치며 자기의 성격, 욕망, 무의식의 밑바닥까지 자기를 탐구해야 한다[47]고 말하며 배우와 관객 중심의 연극을 주장한 연출가입니다.

감은 그로토프스키가 연극을 접하는 과정을 말씀해 주세요.

거소 그로토프스키는 1951~1955년 크라코비에 있는 연극학교에서 공부한 이후에 모스크바에서 연출공부를 하고 다시 크라코비로 돌아와 공부합니다. 1955년 이후부터 연극의 순수한 예술적 관점에 입각한 자신의 사고를 잡지에 기고합니다.[48]

감은 모스크바에서 연출 공부를 했고 잡지에 순수 연극에 대한 기고까지 하는군요.

거소 그는 연극이란 무엇인가? 라는 근본적인 질문을 던지고 이에 대한 해답을 찾기 위해 평생을 탐구했습니다. 그의 탐구 주제는 다음과 같이 분류할 수 있습니다. 첫째 연극이란 무엇인가? 둘째 배우란 무엇인가? 셋째 훈련이란 무엇인가? 그로토프스키는

---

47) 네이버 지식백과. 「그로토프스키 시스템」. http://terms.naver.com/
48) 그로토프스키 외. 『그로토프스키 연극론』. 나진환 편역. 현대미학사, 2013. p.9.

이와 같은 질문에 대해 3단계에 걸쳐 탐구하게 됩니다.

감은   3단계에 걸쳐 탐구한다고요?

거소   제 1단계는 1957~1970 연극실험실에서의 시기입니다. '가난한 연극' 혹은 '가지지 않는 연극'의 개념은 연극의 비본질적인 요소들인 분장, 무대장치, 미술, 조명, 음향효과 등을 제거하고, 무대연기의 본질적인 요소인 배우와 관객에게 집중하는 연극을 추구합니다. 그로토프스키는 배우와 관객의 관계에 대한 실험을 거듭하면서 자신의 연극론적 토대와 배우훈련 등을 창조해 냅니다. 그러나 종래의 연극과 공연에서는 관객이 극단적으로 수동적일 수밖에 없다는 결론을 내리고 새로운 연구에 몰두하게 됩니다.

감은   1단계는 무대연기의 본질인 배우와 관객에 집중하는 연극을 추구했군요?

거소   제 2단계는 1978~1982의 시기에 '원천연극 혹은 초 연극'의 프로젝트를 진행하게 됩니다. 지금 나는 관객이 수동적이고 공간이 고정되어 버린 문화의 어떤 형태들을 포기해 버렸다고 말하며 종래의 연극과 공연이란 개념에서 벗어나기 위한 일련의 시도를 하는데, 이 시기가 바로 '원천연극' 프로젝트입니다. 이 프로젝트는 참가자들이 고행을 통해 인위적인 문화에 의해 형성된 것을 제거하고 인간의 원초적인 본성을 회복하는 것을 목적으로 하는 것입니다.[49]

감은   2단계는 인간의 원초적인 본성을 회복하는 연극을 추구하는군요.

---

49) 앞의 책. p.15.

거소 그는 자신의 작업에 대해 "현재 나는 동료들과 더 이상 공연하지 않고 있다, 그러나 서로 무엇인가를 나눌 수 있는 사람들과 함께 여러 날 지속되는 어떤 과정들을 개발하고 있다"고 말합니다. 그로토프스키가 진행하는 작업은 연극이란 명칭이 붙기는 했지만 연극을 벗어난 일종의 행위, '퍼포먼스'였습니다. 그러나 누군가에게 보여주기 위한 퍼포먼스가 아니며 참가자 자신의 변화와 깨달음을 위한 퍼포먼스였습니다. 그로토프스키는 해답은 공식화될 수 없고 우리는 단지 모험에 충실할 뿐이라며 사실상 연극을 초월한 연극 작업을 계속해서 진행해 나갔습니다.

감은 누군가에게 보여주기 위한 퍼포먼스가 아니라 참가자 자신의 변화와 깨달음을 위한 퍼포먼스라고요?

거소 네. 마지막 3단계는 이탈리아에 세워진 그로토프스키의 작업센터를 거점으로 유럽과 미국을 중심으로 순회하며 강연과 워크숍을 지속하던 시기입니다. 피터브룩은 그로토프스키의 작업에 대해 이 시기를 '운반수단으로서의 예술'이라고 불렀습니다.[50]

감은 3단계는 강연과 워크숍으로서 '운반수단으로서의 예술'이라고요? 그로토프스키가 생각한 연극의 목적은 무엇입니까?

거소 20세기 많은 철학가와 예술가들이 그러했듯 그로토프스키 또한 서구문명을 원초적인 인간성을 왜곡하는 실패한 문화라고 보았습니다. 실패한 문화에 기반한 기존의 연극 또한 그의 관심을 끌지 못했습니다. 그는 배우와 관객이 원초적인 인간성을 회복

---

50) 앞의 책. p.171.

하는 것을 연극의 목적으로 보았습니다.

감은 배우와 관객의 원초적인 인간성 회복이 연극의 목적이었군요.

거소 연극실험실 시기의 작업으로부터 원천연극 프로젝트, 말년에 이루어진 작업에 이르기까지 그의 모든 작업은 원초적인 인간성의 회복, 영적인 성장, 본능과 무의식에 대한 탐구에 초점이 맞춰졌습니다.

감은 그러한 그의 사고를 알 수 있는 몇 가지 사례를 말씀해 주시겠습니까?

거소 현대인의 불행은 쾌락 추구를 위해 행복 추구를 포기했다는 사실에 있다고 말하고 있습니다.

감은 근본적인 가정 윤리인 행복한 가정을 버리고 불행한 쾌락을 추구한다는 말씀이군요.

거소 의식은 인간의 총체를 포용하지 못한다. 어떻게 간접적으로 무의식을 터치할 수 있을까? 어쩌면 인생에서 우리가 찾으려는 것은 고귀한 어떤 것이 아닌 근본적인 어떤 것이라고 말합니다.

감은 저도 연극이 제자리를 빨리 찾아야 한다고 생각합니다. 물질 제일주의에 혼탁해진 인간 정신세계를 연극을 통해 본래의 인간성을 회복하여 인간애人間愛, 인간미人間美가 넘치는 세상을 만들어가는데 연극이 앞장서야 한다고 생각합니다.

거소 원초적인 인간성의 회복을 지향하는 그의 작업은 당연하게도 매우 제의적인 특성을 띠었습니다. 거의 모든 작업이 그러한 특성을 띠었으나 원천연극 프로젝트를 진행하던 시절의 작업을 잠깐 더 들여다보겠습니다.

감은   넵.

거소   참가자들을 한밤중에 개인별로 고립시키고 불을 **빼앗은** 뒤 숲속에서 맨발로 뛰도록 했습니다. 한 코스에서는 땅에 파놓은 구덩이 속에 들어가 눕고 다른 참가자들은 그 위에 흙을 덮도록 했습니다. 또 다른 코스에서는 아침 해돋이 때 **빵**을 함께 굽도록 했습니다.[51]

감은   숲에서 맨발로 뛰도록 하고 자연과 가까워지도록 했군요.

거소   참가자들은 처음 며칠은 우리는 집안 일만 한다. 무슨 일이 일어날지 우리는 말하지 않는다. 도시 생활의 습관이 서서히 사라진다. 우리는 다른 생활의 리듬에 자신들을 적응시킨다. 점차 우리는 서로에 대해 감각이 살아난다고 말했습니다.

감은   도시생활의 습관이 사라지고 서로에 대한 감각이 살아난다고요?

거소   원천 연극시절을 제외하더라도 그로토프스키의 많은 작업은 강한 제의적 특성을 띠거나 아예 제의인지 공연인지 구분이 불가능할 정도입니다. 이러한 특성은 단순히 공연 효과를 위한 수법의 차용 수준이 아니라 근본적인 목적에서 비롯된 전략입니다. 그의 제의적인 요소는 브레히트가 관객으로 하여금 '생각할 수 있게' 하는 것을 원했다면 그로토프스키는 '관객의 내면과 심층을 불안케' 하는 것을 원했다고 볼 수 있으며 아르토적 분위기마

---

51) 앞의 책. p.16.

저 감지되었습니다.

감은　그로토프스키가 생각하는 연극의 본질에 대해서 말씀해 주세요.

거소　그로토프스키는 배우와 관객의 만남을 통해 이루어지는 '직접적이고 살아 있는 영적 교감'을 연극의 본질이라고 보았습니다. 그 외 모든 것은 본질적이지 못한 것이며 본질인 '배우와 관객의 직접적이고 살아 있는 영적 교감'을 방해한다고 간주했습니다. 따라서 그는 음악, 장치, 의상, 소도구, 배경, 조명, 분장 등을 제거하고 본질에 집중하는 연극을 추구했습니다.

감은　본질에 집중하는 연극은 배우와 관객의 영적 교감이군요.

거소　그로토프스키의 배우들은 단순한 극적 행동을 창조하는 극중 인물에 그치지 않고 영적 교감을 실현하는 담당자여야 했으며, 배우는 음성과 동작에 의해 꿈과 현실과의 경계를 동요시키는 충동을 표현할 수 있도록 수년에 걸쳐 독특하고 엄격한 시스템에 의해 훈련되어야 했습니다.

감은　배우가 극적 행동을 창조하는데 그치지 않고 영적 교감을 실현시키도록 하기 위해 어떤 방식을 사용했습니까?

거소　무대는 영적 교감이 일어난 장소로서 개혁되어야 한다며 교감에 방해가 되는 무대와 객석의 경계를 허물기 위해 관객들을 홀 여기저기에 아무렇게나 앉게 하여 배우와 관객이 뒤섞이도록 하는 등 여러 방식을 사용했습니다. 조명은 최소화하거나 사용하지 않았으며 각종 소도구와 장치들은 재현을 포기하고 테이블이 배가 되고, 의자 등걸이가 감옥이 되는 식으로 상상력에 의해 취급

되었습니다.

감은 테이블이 배가 되고 의자 등걸이가 감옥이 되는 것은 순수한 어린아이와 같은 상상력이네요.

거소 그로토프스키가 생각한 연극의 목적에 비추어 보자면 연극은 결과가 아니라 과정이며 과정 자체가 연극 작업이었습니다. 그는 '재현의 예술'을 포기하고 '과정'에 집중했습니다. 배우들은 작업 과정에서 자신을 속박하는 온갖 장애물로부터 해방되어야 했고 공연 과정에 관객을 해방으로 이끌어야 했습니다. 이는 필연적으로 공연과 공연 준비라는 분리된 개념을 거부하도록 하며, 나아가 창조와 훈련을 동일 선상에 놓인 하나의 과정으로 인식하도록 했습니다.

감은 연극은 결과가 아니라 과정 자체군요.

거소 '가난한 연극' 시절에는 배우의 훈련을 자기 해방에 이르는 과정으로 될 수 있는 방법에 대해 탐구했던 그로토프스키는 '원천연극' 시절엔 공연이란 개념 자체를 해체했습니다. '운반 수단으로의 예술' 시절에 접어들자 훈련과 공연의 경계마저 무너뜨립니다. 이러한 해체 작업의 근저에는 연극을 과정으로 인식하는 그의 사고가 자리 잡고 있었기 때문입니다.

감은 그로토프스키가 생각하는 특별한 관객은 어떤 관객입니까?

거소 연극은 결과가 아니라 과정이므로 그로토프스키가 상대로 하는 관객 또한 일반적인 관객이 아니었습니다. 그는 '우리의 관객은 어떠한 사람이라도 단지 관객이기만 하면 좋다는 식이 아니라 어느 특별한 관객을 상대로 하는 것이다.' 그에게 관객이란 특별한 정신적인 욕구를 지니고 있고 연극과의 만남을 통해 자기를 알기 원하는 사람들입니다. 결과를 보기 원하는 사람들이 아닌 과정을 함께 느끼기 원하는 사람들입니다.

감은 연극을 통해 자기를 알기 원하고 과정을 함께 느끼기 원하는 관객이요?

거소 운반 수단으로서의 예술은 관객의 존재를 부인합니다. 그 대신 작업의 질이 작품의 수준에 이르게 하고 동시에 '타인에게는 불필요한' 순전히 개인적인 일이 되지 않기 위하여 증인을 초대합니다. 증인으로서 처음에는 개인적으로 초대된 예술가나 전문가였고 나중에는 '젊은 연극' 극단들이 초대 됐습니다.[52]

감은 그들은 일반 관객이 아니라 전문예술가나 연극인들이 아닙니까?

거소 그렇습니다. 그들은 관객은 아니었지만 어떤 의미로 본다면 관객과 같은 존재였습니다. 이는 어쩌면 단절됐다고 볼 수 있는 운반수단으로서의 예술이 그래도 '직업적 동료의 존재'를 통하여 연극의 영역에서 살아있는 관계를 어떻게 유지하느냐에 대한 어떤 방식을 보여주는 것이라고 말하고 있습니다.

감은 배우와 관객의 살아있는 영적 교감에 대해 말씀해 주십시오.

거소 배우와 관객이 '직접적이고 살아 있는 영적 교감'의 상태에 이르기 위해서 배우는 온전히 자기를 폭로할 수 있어야 한다고 보았습니다. 그러므로 배우의 훈련이란 공연에서 효과적으로 사용할

---

52) 앞의 책. p.207.

수 있는 기량이나 수단의 축적을 목적으로 하는 것이 아니어야 하며 오히려 자기 폭로를 막고 배우를 가두는 온갖 장애물을 제거하는 데 있었습니다.

감은   배우와 관객의 영적 교감은 자기 폭로와 배우를 가두는 온갖 장애물을 제거해야 한다고요?

거소   그로토프스키는 자신의 연극론에 근거하여 전통적인 배우훈련 방법에 대해 거부했습니다. 그만의 매우 독특한 배우훈련을 창조했습니다. 그는 '기량의 습득과 축적', '어떻게 표현할 것인가?'와 같은 질문을 배우훈련의 중심에 두지 않았습니다. 만약에 배우인 우리가 연습에 너무 잘 숙달되었다면 우리는 그 연습을 변경하거나 중단해야 합니다. 왜냐하면 우리가 그것을 계속한다면 우리는 '어떻게' 라는 지식, 즉 기술을 위한 기술 연습에 매몰될 수도 있기 때문입니다.

감은   기술을 위한 기술연습은 스스로 매몰될 수 있기 때문이라고요?

거소   그로토프스키는 배우가 훈련을 통해 성장하는 과정은 지극히 개인적인 탐구의 과정이므로 보편적인 배우 제조법은 존재하지 않는다고 보았습니다. 발성훈련이나 신체훈련 등의 연습에서 원칙은 '각자 자기의 고유한 본성에 따라 연습들을 실행해야 됩니다.

감은   배우훈련으로 보편적인 배우 제조법은 존재해서는 안 되고, 각자 자기의 고유한 본성에 따라 연습해야 된다는 말씀이군요.

거소   그로토프스키의 배우훈련은 하나의 시스템으로 전체가 길들여지는 방식이 아닌 개인의 고독한 탐구과정으로 되어 있습니다.

물론 그 과정은 무엇인가를 습득하는데 목적이 있는 것이 아니라 자기의 해방을 막는 장애물을 제거하는데 목적이 있습니다.

감은 그로토프스키는 배우훈련에 경극이나 가부키, 각종 요가 자세들 등을 차용했고, 특히 호흡과 발성에 대해 많은 언급을 하고 있는데 그 부분에 대해 말씀해 주세요.

거소 그는 통계적인 표준호흡을 실행할 수 없는 개인도 존재하기 때문에 다양한 삶의 현상들처럼 호흡법도 다양화시킬 필요가 있다. 그럼에도 표준호흡만 강조한다면 젊은 배우들은 자신에게 부적합한 호흡법을 익혀야 한다는 압박감을 느낄 수밖에 없고 바로 그 순간부터 호흡과 관련된 모든 어려움이 발생하기 시작할 것이다. 어떤 행동에 완전히 몰입한 배우에게는 간섭하지 않는 편이 더 바람직할 것이다. 만약 배우가 활동하면서 호흡하기를 어려워하지 않고 공기를 충분히 흡입하고 있다면 설령 모든 이론이 그가 호흡하기 어려울 것이라는 결론을 제시하더라도 그에게 간섭하면 안 된다. 발성훈련에서 가장 중요한 것은 발성기관을 염려하면 안 된다는 것이다. 연극학교의 학생들에게 적용해야 할 훈련은 발성기관에 무관심한 훈련[53]이라고 말하고 있습니다.

감은 호흡과 발성훈련을 어떤 틀에 가둬서는 안 된다. 배우들 개개인이 자유롭게 할 수 있도록 맡겨야 한다는 말씀이군요.

거소 배우에게 세속적 종교의 사제로서 나르시시즘에 빠져 기술을 대

---

53) 앞의 책. p.85.

중에게 팔아넘기는 수준의 궁정배우가 아니라 자기의 재능과 자아를 제물로서 희생하는 '성스러운 배우'로서의 태도를 요구했습니다. 그러한 성스러운 배우는 기술을 동반한 진실성을 갖추었으며 재능의 윤리적 실천을 행한다고 보았습니다.[54]

감은 '성스러운 배우', 재능 있는 배우들의 윤리적 실천, 정말 중요하지요.

거소 그에게 예술이란 단순한 기술이 아니라 마음이자 윤리였습니다. 이러한 태도에 기반을 두어 훈련 과정을 통해 배우는 단순한 직업인이 아니라 인간의 존재 자체를 회복할 수 있으며 그럼으로써 배우는 영적으로 성장하고, 관객과의 살아있는 교감을 이루어낼 수 있다고 보았습니다.

감은 배우는 단순한 직업인이 아니라 인간존재 자체를 회복시킬 수 있고 사람들의 마음과 윤리의식을 고취시킬 수 있는 귀한 존재들이란 말씀이시지요?

거소 그렇습니다. 그로토프스키는 애초에 배우훈련과 연출수업을 받았지만 연극실험실 시절부터 전통적 개념의 연출가가 되는 것을 거부했습니다. 그로토프스키에게 배우훈련이란 기술을 축적하는 것이 아니라 자신의 존재를 깨닫고 영적인 성장을 이루는 과정이었습니다. 그것은 획일적인 방법에 의해 실현되는 것이 아니며 아주 개인적인 탐구과정입니다. 그러므로 종래의 연출과 연출법의 개념은 그로토프스키와 인연이 없는 것이었습니다.

---

54) 앞의 책. p.13.

감은 그로토프스키가 배우들에게 직접 연출하는 방법에 대해 말씀해 주세요.

거소 그는 지시사항을 전달하거나 배우를 자신의 옷에 맞게 훈련시키는 연출가가 아니었습니다. 연출가인 자신은 배우들에게 스스로 나아갈 길을 발견하고 개척하도록 도와주는 안내자이자 함께 길을 찾아가는 동지로서 위치해 있었습니다.

감은 배우 스스로 나아갈 길을 발견하고 개척해 갈 수 있도록 도와준다고요?

거소 그는 연출가인 자신의 관심은 타인이 스스로 실천할 수 있도록 타인을 도울 가능성에 있다며 배우들에게 끊임없이 어려운 과제를 던지며 배우들이 자신의 가능성을 끝까지 탐구하도록 독려하는 역할을 담당하고자 했습니다.

감은 배우들이 자신의 가능성을 끝까지 탐구하도록 독려하는 역할이요? 참으로 바람직한 연출이군요.

거소 그는 배우에게 직접적인 설명을 해주거나 배우 앞에서 시범을 보여주기보다는 침묵과 눈짓, 각별한 관심과 경청하는 태도 등의 방법을 이용했습니다. 배우들에게 그로토프스키는 지시하는 연출가가 아니라 자신의 폭로를 경청하고 열린 태도로 함께하는 안내자이자 조언자요 또한 과정을 함께하며 연극을 연구하는 동지였습니다.

감은 배우에게 시범을 보여주기보다는 침묵과 각별한 관심을 가지고 경청만 했군요. 과정을 함께하며 연구하는 동지로 존재했군요.

거소 다음과 같은 그의 언급은 배우와 자신의 관계에 대한 그의 사고를 잘 보여줍니다. "나는 제자를 얻기보다는 일종의 전우를 얻기 위해 배우 지망생들을 받아들인다. 그들이 비록 나와는 다르다 할지라도 그들은 나로부터 영향을 받고 나는 그들의 본성에 의해 자극받는 그런 동맹군을 얻고 싶은 것이다. 다른 관계, 즉 단지 나의 이름으로 배우들을 길들이는 정복자가 되거나 나의 이름만을 추종하는 애호가로서의 관계를 형성한다는 것은 위험한 것이다. 문제는 연극에 자기 자신을 바칠 수 있는가 없는가에 있다"라고 말하고 있습니다.

감은 연극에 자신을 바칠 수 있는가? 정말 무서운 말이지요? 오직 연극을 위해 생각하고 연구하고 훈련하며 온전하게 귀하고 소중한 시간들을 바쳐야 하는데……. 대부분의 배우들은 자신을 온전하게 바치지 못 하고 있는 게 현실 아닙니까?

거소 정말 쉽지 않지요. "배우에게 연습은 단순히 공연의 준비가 아니고 자신에 대해, 자신의 능력에 대해 그리고 한계를 극복하는 가능성에 대한 발견의 장이다"라고 그로토프스키는 말하고 있습니다.

감은 배우의 연습은 자기 한계를 극복하는 가능성에 대한 발견의 장이지요.

거소 배우의 작업은 매순간 살아 있어야 한다. 고정되거나 안정된 시스템을 원해서는 안 된다고 말하고 있습니다. 오늘 새롭게 발견한 것을 내일은 뛰어넘어야 한다. 그리고 발견한 것을 포기하고 자신만의 길을 찾아야 한다. 다른 모든 이들처럼 배우들도 고정된 작업방법을 연구하고 발견하려는 유혹에 사로잡힌다. 그러나 그런 작업방법은 존재하지 않는다고 말하고 있습니다.

감은   연극배우훈련으로 고정된 시스템이 존재해서는 안 된다. 배우의 작업은 매순간 새롭게 발견해야 된다는 말씀이군요. 우리의 삶이 오늘은 어제와 분명히 다른 삶을 살아가고 있듯이 매순간 새로운 삶을 살아가듯 연기해야 된다는 말씀이군요.

거소   우리의 결과물이 타인들의 그것과 다를 수 있음을 명심하고 준비하는 태도는 매우 중요하다. 만약 타인의 결과물이 자기의 것과 그다지 다르지 않다면 그것이야말로 거짓이다. 자신만의 창조적인 연기를 해야 한다는 겁니다.

감은   고통의 과정을 거쳐야 자기만의 창조적인 연기를 할 수 있게 되겠지요?

거소   그는 신체행동은 인간행동의 요소였고 실제로도 신체의 기초적인 행동이지만 타인에게 반응한다는 사실과 연결된 개념이다, 몸 안에 있는 모든 힘은 타인을 향하거나 자신을 향한다, 듣고, 바라보고, 물체를 들고 행동하기, 기댈 지점 찾기 등 이 모든 것은 신체행동이라고 말하고 있습니다.

감은   인간의 모든 행동요소들은 신체행동에서 시작된다는 말씀이지요?

거소   우리는 연습하고 훈련하면서 자신의 솔직함을 표현하는 행위를 기피하는 완전히 거짓된 만족을 맛볼 수 있다. 우리는 자신을 그렇게 많은 시간 동안 혹사시킬 수도 있다고 말합니다.

감은   인간의 자기 미화가 거짓된 행위들을 만들어내게 되지요.

거소 명확성과 자발성 사이의 모순은 유기적이고 본능적인 것이다, 그것들은 인간 본연의 극점들이기 때문이다, 그래서 그것들이 교차되면 우리는 완전해진다, 명확성은 의식의 영역에서, 자발성은 본능의 영역에서 비롯된다는 겁니다.

감은 명확성은 의식의 영역에서, 자발성은 본능의 영역에서 교차되면 완전에 가까운 연기를 할 수 있게 된다는 말씀이군요.

거소 지적인 공식, 사상들, 슬로건 뒤로 자신들을 숨길 방법만 찾는 사람, 즉 매순간 최고로 세련된 말만 하려는 사람은 불행에 빠질 수밖에 없다. 만약 우리가 하고 싶은 것이 언제나 인정받기 위한 것이고 언제나 남들처럼 행동하기 위해서 어떤 지점에만 머물면서 미온적인 것에만 만족한다면 우리는 불행해질 수밖에 없다고 말합니다.

감은 그 말씀에 동의합니다. 인간이 욕심을 부리며 적극적으로 사고하는 순간부터 부조리해지고 불완전해집니다. 특히 배우는 순수한 인간적인 모습과 자기다운 모습으로 연기해야 된다는 말씀이군요.

거소 그로토프스키는 "나는 창조자가 작업에 몰두할 때는 모든 문제를 잊는 것이 바람직하다고 확신한다"고 기술하고 있습니다.

감은 배우가 역할 창조에 집중해야지요. 그로토프스키가 연극의 거장들에 대해 언급한 것이 있으면 말씀해 주세요.

거소 그로토프스키는 배우의 연기 기법이 어떤 요소들을 갖고 있는가를 재발견하기 위해 가장 철저한 노력을 기울인 사람입니다. 스타니스랍스키의 시스템에 대한 몇 가지 중대한 의문점들을 제기하고 관심을 표했습니다.

감은 스타니스랍스키 시스템에 대한 중대한 의문점은 어떤 겁니까?

거소 그로토프스키는 이렇게 말합니다. "스타니스랍스키에게 연극은 목적이 있었다, 반면 나는 연극은 목적이라는 느낌을 가져 본 적이 없다, 나는 사람들이 말하는 연극에는 관심이 없었다. 왜냐하면 그것은 인간존재에 대한 잘못된 관점에 기초를 두고 있기 때문이다"라고 말합니다.

감은 기존 연극이 인간존재에 대한 잘못된 관점에 기초를 두고 있다고요?

거소 그것은 결국 무엇을 말하려고 하는가? 무대 위의 곡예? 외침? 폭력? 나는 대사 위주의 연극에도 신체연극에도 순간의 연극에도 관심이 없다. 현재 드러나고 있는 존재, 살아있는 존재에만 관심이 있을 뿐이다.

감은 현재 드러나고 있는 살아있는 존재에 대한 관심뿐이라고요?

거소 그로토프스키는 "나는 스타니스랍스키를 깊이 존경한다. 첫째 이유는 과거의 단계에 머물지 않고 언제나 개혁을 지속적으로 추진하려는 그의 자동적 개혁성에 있다. 둘째 이유는 그가 구체적이고 실질적인 연극의 기초를 마련하기 위해 고심하고 노력하는데 있다. 분명한 사실은 그가 추구했던 것은 수단이 아니라 새로운 길이었다는 것이다. 그러나 배우에게 그 어떤 이상적인 시스템은 존재하지 않는다"라고 말하고 있습니다.

감은 배우에게 그 어떤 이상적인 시스템도 존재하지 않는다고요?

거소 그는 "스타니스랍스키 시스템이 그 자신과 나라와 살았던 시대를 그대로 반영한 것이다. 그런 시스템을 다른 장소에 옮겨 심는다면 그것은 곧바로 상투적인 판박이가 되고 말 것이고, 탄생의 순간에 이미 죽어버리는 것이 되고 말 것이다. 배우에게 그 어떤 이상적인 시스템도 존재하지 않는다"라고 주장합니다.

감은 배우에게 그 어떤 이상적인 시스템도 존재해서는 안 된다고 그로토프스키는 주장하고 있군요.

거소 그는 "배우는 자신의 고유한 삶에 의지해야 하고 정서적 기억이라는 영역에 의존하거나 만약이라는 방법을 추구해서는 안 된다. 배우는 몸과 기억으로 자신을 돌이켜봐야 한다. 그것은 몸에 관한 기억이 아닌 몸 자체의 기억이자 몸은 곧 삶이다. 그러므로 배우는 겪지 않는 경험들, 아직은 기다리고 있는 경험들로 자신을 돌이키기보다는 자신에게 진정 중요했던 경험들로 돌아가야 한다"고 말하고 있습니다.

감은 그로토프스키는 스타니스랍스키의 시스템 중 핵심적인 부분인 정서적 기억이라는 영역에 의존하거나 만약이라는 방법을 추구해서는 안 된다고 말하는군요.

거소 그렇습니다. 그로토프스키는 "우리의 감성은 우리의 의지에 따라 좌우되는 것이 아니다. 스타니스랍스키는 이전의 단계에서는 이 사실을 분명히 인식하지 못했다. 그는 이른바 정서적 기억을 추구했다. 그는 다양한 감정을 기억하려는 의지는 결국 동일한 감정을 되살릴 가능성을 의미한다고 생각했다. 그러나 감정이 의지에 귀속된다는 믿음은 그의 오신誤信이었다"[55]라고 말하고 있습니다.

감은 인간의 감정은 시도 때도 없이 요동하는 바다와 같은 것이어서 어떤 의지에 가둬 둘 수 없는 것이지요. 그 감정과 마음에 의지하려는 자체가 오신이라는 말씀이군요.

거소 그로토프스키는 아르토의 잔혹 연극에 대해서도 언급하고 있습니다.

감은 아르토의 잔혹 연극에 대해서는 뭐라고 말합니까?

거소 아르토의 역설은 자기주장을 실제로 실현하거나 자신의 진정한 내면세계로 진입하기 위한 수단이 전혀 없다는 데 있다, 그는 단지 비전과 메타포만 남겼다[56]고 말합니다.

감은 미숙하여 공포감이 없는 잔혹행위 남발 때문이겠지요?

거소 이젠 전설이 되어버린 아르토의 잔혹 연극의 주제들은 그 의미가 퇴색된 갖은 학대나 고문만 난무하는 싸구려 외설연극으로 변질되어 끝내 진부해져 버렸다. 아방가르드 연극으로 불리는 가련한 공연들은 대개가 무의미한 잔혹행위만 남발한 나머지 미숙하고 착잡하기만 하여 어린애들에게도 공포감을 주지 못함을 알 수 있다. 그런 공연을 보면서 우리는 기량 부족, 인습, 안이함, 피상적 외침밖에 확인하지 못한다. 그런 것들은 관객을 거북

---

55) 앞의 책. p.63.
56) 앞의 책. p.116.

하게 만들 수 있어도 감동시키지는 못한다고 말합니다.

감은   그로토프스키는 연극 조상님들에 대한 평가가 대체로 부정적이었습니까?

거소   그로토프스키는 "나는 선조들에게 전적으로 동의하지 않는다. 그러나 그들을 부정할 수 없다. 그들은 나의 기초이고 나의 원천이기 때문이다"라고 말하고 있습니다.

감은   연극조상님들은 나의 기초이고 나의 원천이라는 말씀에 전적으로 동감합니다. 열악한 상황 속에서도 연극을 지키며 창조해 왔던 연극인 조상 선배님들 덕분에 후배들이 연극의 샘물에서 수질까지 분석하며 마실 수 있게 되는 것이겠지요. 그로토프스키는 조금 빨리 돌아가셨지요?

거소   1999년에 66세를 일기로 돌아가셨습니다.

감은   대체로 천재들은 세상과의 이별이 좀 빠른 것 같습니다. 연극의 역할은 고귀한 인간성 회복이다. 배우와 관객의 직접적이고 살아 있는 영적 교감이 연극의 본질이다. 연극의 핵심은 배우이고 배우가 자유롭게 성취할 수 있도록 도와주는 것이 연출가로서의 모토이다. 자기의 재능과 자아를 제물로서 희생하는 '성스러운 배우', 예술이란 기술이 아니라 마음이자 윤리라고 보았던 연극 조상님인 그로토프스키의 주장처럼 연극인은 세상 사람들의 인간성 회복을 위해 노력해야 될 것 같습니다. 거소 교수님 소중한 말씀 감사드립니다.

4장

연출자와
연기자의
화술연기

15

극예술연구회와 홍해성

감은   전통예술, 창극, 신파극, 악극, 신극 등 여러 예술 활동이 있었습니다. 극예술연구회와 홍해성에 대해서 간략하게 말씀을 나눠보겠습니다.

거소   극예술연구회劇藝術研究會-약칭, 극연-는 1931년 8월 7일 전동식당에서 발족되었습니다. 극예술연구회라는 긴 이름을 붙인 것은 극을 단순한 대중적 오락물로 보지 않는다는 뜻에서입니다. 그리고 진지하게 학문적 자세로 연극을 한다는 의미에서 연구회라고 이름 했다57)고 합니다.

---

57) 유민영. 『한국연극운동사』. 태학사, 2001. p.262.

감은   1931년 당시 극연 창립 멤버는 어떻게 됩니까?

거소   창립멤버는 12명이었습니다. 명문대를 졸업한 지식인들이었습니다. 윤백남(동경 상대), 홍해성(일본중앙대 법과), 김진섭(法政大 독문과 졸업), 유치진(立敎大 영문과 졸업), 이헌구(早大 불문과 졸업), 서항석(東京帝大 독문과 졸업), 이하윤(法政大 영문과 졸업), 장기제(法政大 영문과 졸업), 정인섭(早大 영문과 졸업) 조희순(東京帝大 독문과 졸업), 최정우(東京帝大 영문과 졸업), 함대훈(東京外大 노어과 졸업) 등 전공별로 보면 영문학이 5명으로 가장 많고 독문학 3명, 불문학, 노문학, 법학, 상학 전공이 각 1명씩이었습니다. 이처럼 화려한 학벌의 소유자들이 극단을 조직[58]한 것입니다.

감은   당시엔 정말 최고의 학벌이고 지식층인 그들이 왜 연극을 하기 위해 극단을 조직한 겁니까?

거소   연극을 통해서 민족의식을 고취시켜 보겠다는 목적을 가지고 있었습니다. 인문과학과 예술을 공부한 지식인들이 식민지 상황에서 무엇을 할 것인가를 깊이 생각했고, 연극운동을 통해서 무엇인가 해봐야겠다는 역사인식과 투철한 민족의식을 가지고 있었습니다. 그들은 아일랜드의 작가와 연극인들이 연극운동을 통해서 민족을 자각시킨 일을 타산지석으로 삼았습니다. 그래서 연극으로 민족을 교화시킨다는 기본 정신 아래 행동했습니다. 그들이 구미 근대극 작품을 택해서 공연하는 것도 서구 연극의 본질을 배우기 위한 것이었습니다.[59]

---

58) 앞의 책. p.262~63.

감은 1931년 식민지 시대에 이처럼 화려한 학벌의 소유자들이 극단을 조직했는데 실제로 무대 경험을 한 사람은 몇 사람입니까?

거소 창단멤버 12명 중 실제적으로 무대 경험이 있는 사람은 홍해성과 윤백남뿐이었습니다. 홍해성은 일본 근대극(리얼리즘극)의 본산지 스끼지 소극장에서 8년(만 6년)여 동안 조선인으로서는 유일하게 배우생활을 하다가 귀국한 인물입니다.

감은 일본 근대극의 본산지인 스끼지 소극장에서 만 6년여 동안 배우생활을 했다면 근대극에 대해서는 본인의 확실한 연기관이 확립되었겠는데요.

거소 그렇습니다. 극예술연구회는 공연을 위해 22명의 연구생을 모집하여 여름방학을 이용하여 제1회 하계극예술연구회를 개최합니다. 연극의 기초가 되는 희곡론, 동서연극사, 배우, 연출, 연기론, 분장, 표정, 발성법 등을 연구생들에게 가르칩니다.

감은 공연을 위해 연구생들을 모집하여 연기술을 가르쳤군요. 극연의 첫 공연은 무엇이었습니까?

거소 창립 첫 공연으로 러시아의 극작가 고골리가 쓴 『검찰관』(5막)을 홍해성 연출로 수개월의 연습 끝에 1932년 5월 초 조선극장에서 역사적인 막을 올렸습니다.

감은 첫 공연으로 고골리의 〈검찰관〉을 올린 이유가 있습니까?

거소 근대극과 국민극 정신을 공존시키는 데는 〈검찰관〉이 가장 적당

---

59) 앞의 책. p.267.

하다는 의견의 일치를 봤습니다. 그리고 당시 일제 경찰의 검열이 철저했기 때문에 그것을 통과하기 위한 방편이었습니다. 다행히 〈검찰관〉은 희극이기 때문에 부패 관리를 일제에 빗대어 신랄히 비판하면서도 웃음으로 끝낼 수가 있었습니다.

감은 일제의 검열을 피하기 위한 방법이었군요. 첫 공연은 성공적이었습니까?

거소 첫 번째 공연이 막을 내리자 춘원 이광수가 무대 위로 뛰어 올라와서 "나 토월회 이래 10년 만에 연극다운 연극을 처음 보았다"고 감격했고, 조선연극사라는 신파극단을 이끌고 있던 상업 연극계의 대부 지두한은 "이제 우리 딴따라패가 굶어 죽을 때가 왔다"고 아연해 하기도 했다[60]고 기술하고 있습니다.

감은 춘원 이광수가 무대로 뛰어올라와 토월회 이래 10년 만에 연극다운 연극을 처음 보았다는 증언과 조선연극사의 신파극단의 대부 지두한이 감격했다고 하니 공연이 크게 성공적이었나 보군요.

거소 이 공연으로 극연은 일약 연극 문화계의 주목의 대상이 됩니다. 극연 입회 희망자들이 몰려들었고, 특히 이화여전 출신들인 모윤숙, 김수임, 노천명 등의 가입으로 여배우 빈곤 문제도 일거에 해결할 수 있게 되었습니다.

감은 역시 과거나 현재나 연극의 생명은 무대공연의 질적 수준에 달려 있군요. 공연작품이 좋으면 관객은 모여드니까요. 두 번째 공연은 어떤 작품입니까?

---

60) 앞의 책. p.266.

거소 두 번째 공연 레퍼토리도 어빙의 '관대한 애인'(1막), 그레고리 부인의 '옥문'(1막), 괴엘링의 '해전'(1막) 등 단막극 3편을 회원들이 직접 번역해서 역시 홍해성 연출로 무대에 올렸습니다.

감은 극연의 회원들이 직접 번역까지 해서 단막극 3편을 무대에 올렸군요. 정말 대단합니다.

거소 두 번째 공연 레퍼토리 중에는 연극사상 최초의 표현주의 작품까지 끼어 있었습니다. 그리고 배우들이 너무 열심히 하다 보니 성대가 상해 목소리가 들리지 않는 경우도 있었다[61]고 합니다.

감은 배우들의 성대가 상해서 목소리가 들리지 않았다고요?

거소 홍해성의 연출이었지만 역시 배우술은 개개인 문제임을 드러내고 있습니다. 특히 배우들이 의욕만 앞서고 열정만 뜨거웠지 충분하게 준비된 배우훈련이 이루어지지 못했음을 알 수 있습니다.

감은 그 다음 공연도 번역극이었습니까?

거소 아닙니다. 서양의 근대적 번역극으로 1년 여 동안 경험을 쌓은 극예술연구회는 당초의 목적대로 창작극 공연에 착수합니다.

감은 창작극 공연을 올린다고요? 극단에 희곡작가가 있었습니까?

거소 회원인 유치진에게 우리 실정을 작품으로 쓰도록 부탁했고, 그래서 나온 첫 작품이 〈토막〉(2막)이었습니다.

감은 아! 유치진의 〈토막〉이오. 식민지 시대 일제의 수탈과 착취로

61) 앞의 책. p.268.

인해서 농민이 참담하게 몰락해 가는 과정을 리얼하게 묘사한 작품이지요. 공연의 결과는요?

거소 유치진의 〈토막〉 공연은 대성황을 이루었습니다. 당시 우리의 실상을 너무 사실적으로 묘사했기 때문에 배우와 관객들이 모두 울부짖었다고 합니다. 극연은 계속해서 유치진이 쓴 〈버드나무 선 동리의 풍경〉(1막)과 〈소〉 등을 공연했습니다.

감은 당시 창작극은 일본 경찰의 검열에 잘 통과됐습니까?

거소 그럴 리가 있습니까? 극예술연구회의 여러 가지 난관 중에 검열 문제와 재정 문제가 가장 고질적인 것이었습니다. 검열이 얼마나 어려웠느냐는 〈소〉 공연에서 잘 드러납니다. 분명히 검열을 받고 공연을 올렸는데도 공연한 뒤에 작가 유치진은 구속되었습니다.[62]

감은 공연 뒤에 구속되었다고요? 우리 민족의 실상을 그대로 썼다고 감옥에 갇히는 현실……. 시대를 그대로 거울에 비췄을 뿐인데……. 연극인의 사명을 충실히 실행했을 뿐인데 공연 뒤에 감옥에 가게 되었군요.

거소 〈소〉 작품이 인기가 좋아 리바이벌 공연을 하려 하자 검열관이 거부를 하게 됩니다. 끈질기게 달라붙는 서항석에게 두 가지를 고치면 통과시켜 주겠다고 합니다. 첫째 지주와 소작인 대립에서 지주는 일본의 동양척식주식회사를 상징하는 것이니 중간계급으로 바꾸고 '소'라는 제목도 다른 것으로 바꾸라는 것이었습

---

62) 앞의 책. p.270.

니다. 그러나 유치진은 작가의 양심을 내세워 거부합니다.

감은 일제강점기의 연극인들은 참으로 힘들게 연극을 했군요.

거소 서항석은 유치진과 오랜 설전 끝에 "무조건 내게 맡기라"고 하며 자기가 직접 작품을 손질하고 제목도 〈풍년기〉로 고쳐서 무대에 올리게 됩니다.

감은 일본 경찰의 작품 검열이 어느 정도였습니까?

거소 고전 중의 고전으로 꼽히는 〈춘향전〉(유치진 극본) 공연으로 작자인 유치진이 종로서로 끌려가게 됩니다. 탐관오리인 변사또를 매도한 것은 계급의식에 의한 것이라며 유치진을 좌익으로 몰아 가두려고 했습니다.

감은 〈춘향전〉의 변사또를 매도한 것이 계급의식이라고 좌익으로 몰아 가두려 했다고요?

거소 미결수 감방에서 며칠 밤을 지낸 유치진은 심문 경찰관에게 "사회주의를 창시한 칼 마르크스는 19세기 사람인데 18세기에 나온 〈춘향전〉에 계급성이 있다고 한다면 사회주의가 조선 땅에서 시작되었단 말이오?"하고 따져 물었습니다. 그러자 심문 경찰관은 한참 생각하다가 유치진에게 따귀 한 대를 올려붙이고는 풀어줬다고 합니다.

감은 사회주의 칼 마르크스와 〈춘향전〉……. 정말 대응을 잘하셨네요.

거소 그뿐이 아닙니다. 일본 경찰의 까다로운 검열 때문에 작품 연습 도중에 어쩔 수 없이 다른 작품으로 바꾸거나 경찰에 구속되는 이런 공포 분위기 속에서 민족의 의식을 깨우쳐줄 창작극의 기수였던 유치진은 어쩔 수 없이 정면 공격에서 우회전법으로 그 방법을 돌립니다.

감은   우회전법이요?

거소   현실을 우회적으로 풍자한 〈마의태자〉 같은 작품을 공연한 것이라든지 삼남수해구제三南水害救濟를 위한 연극·무용·음악의 밤을 대대적으로 개최한 것 등은 그 단적인 예라고 볼 수 있습니다.

감은   식민지 치하에서 감방에 구속되는 공포분위기 속에서도 연극을 포기하지 않고 이어왔던 연극정신 참으로 존경스럽습니다. 어찌됐든 그 시절에도 밥은 먹고 살아야 했을 것인데 경제적인 문제는 어떻게 해결했습니까?

거소   극예술연구회의 정신적 리더였으며 동시에 최초의 본격 연출가였던 홍해성이 급작스럽게 흥행극단인 조선연극사로 옮기게 됩니다. 그 이유는 순전히 경제문제 때문이었습니다. 일본 스끼지 소극장에서 배우로 활동하다 귀국한 홍해성은 한국근대연극사의 중요한 분기점이 된 극예술연구회를 이끌었지만 홍해성의 생활고는 해결되지 않았습니다.

감은   생활고 때문에 흥행극단인 조선 연극사로 옮기게 되는군요.

거소   홍해성은 1934년 말까지 극예술연구회 제7회 공연까지 연출을 하고 당시 흥행극단인 조선연극사에서 충분한 급료를 받고 연출부로 옮겨 갑니다.

감은 그럼 극예술연구회에서는 누가 연출을 하게 됩니까?

거소 극작가 유치진이 일본으로 가서 연출수업을 받고 옵니다. 그리고 극연의 연출은 극작가 유치진과 서항석 등이 번갈아 하기 시작합니다. 1931년 7월에 발족되어 1939년 5월에 강제 해산 당할 때까지 만 8년 동안 신극뿐만 아니라 근대문예운동으로서도 이 정표를 세우게 됩니다.[63]

감은 일제강점기 때 배우들의 연기술이나 화술연기에 대한 자료가 있으면 말씀해주세요.

거소 1920년 2월에 현철은 예술학원藝術學院과 1925년 1월 5일 조선배우학교朝鮮俳優學校를 설립하고 배우 교육의 필요성을 주장합니다.[64]

감은 최초의 연출자인 홍해성의 연기론은 무엇입니까?

거소 배우훈련을 위한 교과목을 전문적으로 언급하는 가운데 무대 화술의 필요성에 각별한 주의를 기울인 최초의 연극인은 홍해성입니다. 1929년에 연극학교의 필요성을 언급하는 중에 연극학교를 '교무부'와 '연기부', '무대부'로 나누고 연기부演技部를 위한 교과목으로는 (1) 조선어 (2) 배우형태 (3) 음악적 교양 (4) 표정 연구 (5)배우 외장론外裝論을 두었습니다. 이 중 무대화술에 해당하는 조선어의 세부 전공은 다시 ① 표현술 ② 발성법 ③ 과백科白연구(과科는 짓, 즉 몸으로 동작을 하는 것. 백白은 말, 즉 입으로 사설을 엮는 것을 가리킨다) ④ 문법·수사법·어의 ⑤ 문학종

---

63) 앞의 책. p.276.
64) 김철홍. 「무대화술을 위한 전 단계 훈련방법 연구」. 중앙대학교 석사학위논문, 2004. p.1.

목과 문체연구 · 기억연습 · 방언연구 ⑥ 고대시조時調연구 ⑦ 즉
흥적 대화 · 기지機智의 훈련 · 기타연습으로 구분함으로써 우리
의 무대화술 훈련체계를 위한 방향성을 제시하였습니다.[65]

감은　우리의 무대화술 훈련체계를 위한 방향성을 제시했군요.

거소　홍해성이 동양극장의 연출부 및 무대의 지도부로 참여하면서 주
로 연출지도와 배우들의 연기훈련을 맡았습니다. 홍해성은 배우
들에게 시계바늘, 무대호랑이라는 별명을 가졌으며 그만큼 명확
하고 매사에 충실한 것을 소중히 여겼습니다.[66]

감은　홍해성이 시계바늘, 무대호랑이라는 별명을 얻은 것은 시간관념
이 명확했고 무대연습 또한 철저하게 시켰다는 말씀이군요.

거소　홍해성은 공연할 작품의 연출 대본을 처음부터 정확하게 만들어
가지고 배우들로 하여금 언제나 그대로 반복 연습하도록 지도하
였습니다. 화술, 동작에 세심하게 주의를 기울였으며 개성을 잘
드러내는 분장법을 직접 지도하고 때로는 손수 해주었다고 합니
다.

감은　무대공연을 위해 여러 모로 헌신했군요. 특히 홍해성은 화술과
동작에도 세심한 주의를 기울였군요. 동양극장에서 많은 작품을
했다고 하는데 몇 작품 정도 했습니까?

거소　동양극장에 7년간이나 종사하면서 400여 편의 작품을 연출한 홍
해성은 동양극장의 전성시대를 "연극은 관중에게 예술적 향락과

---

65) 앞의 책. p.1.
66) 엄국천. 「배우 황철 연구」. 중앙대학교 석사학위논문, 1999. p.61~62.

화 사업이었다"라고 스스로 평가했습니다.

감은   동양극장에서 7년 동안 400여 편의 작품을 연출했다고요? 이게 가능합니까? 그리고 연극은 관객에게 지적 자극의 원천이고 교화기관의 문화 사업이었다고 평가하고 있군요.

거소   배우들의 생활태도와 마음가짐에 대하여도 각별히 지도했습니다. 언제나 차림새가 단정하고 남과는 신사적으로 대할 것이며 인격적으로 어긋난 일을 절대로 해서는 안 되며, 배우는 항상 노력함으로써 모든 시민들에게 모범적인 예술가로 존경받도록 해야 한다[67]고 훈시했습니다.

감은   배우는 항상 노력함으로써 시민들에게 모범적인 예술가로 존중받아야 한다고 말씀하셨군요.

거소   분명한 것은 연극 조상님들의 소중한 유산이 없었다면 오늘날 이런 연극의 발전은 기대할 수 없을 겁니다. 그들의 연극정신을 이어받아야지요.

감은   지금까지 우리 연극 조상 선배님들의 연극정신 중 극히 일부분만 발췌하여 이야기를 나눴습니다. 분명한 것은 우리의 연극 조상님들이 계셨기 때문에 오늘날 대한민국의 연기자들이 영화, TV, 무대공연에서 활발히 활동할 수 있는 것이라 생각합니다. 거소 선생, 말씀 감사합니다.

---

67) 앞의 책. p.62.

16

황철의 화술연기

갑은   일제강점기인 1930~40년대 최고의 인기배우로 군림했던 황철, 특히 그의 화술연기는 최고였다고 하는데 배우 황철에 대해 말씀을 나눠보겠습니다.

거소   황철은 1912년 충남 청양에서 청양군수 황우찬의 아들로 태어납니다.[68] 손재주가 있어 그림을 잘 그렸습니다. 위로 누나가 한 분 계셨고 아버지가 춘천으로 부임하게 되자 황철도 아버지를 따라 강원도 춘천에서 성장기를 보내게 됩니다. 그 후 배재고보를 다니며 서울에서 생활을 합니다. 이 시기에 부모님이 일찍

---

68) 엄국천. 「배우 황철 연구」. 중앙대학교 석사학위논문, 1999. p.9.

돌아가셔서 가정 형편이 무척 어려워 신문배달을 하며 학비 조달을 합니다.

감은 아버지가 군수였는데……. 학비 조달을 위해 신문배달까지 했군요. 황철은 어릴 때부터 꿈이 배우였습니까?

거소 어릴 때 황철의 꿈은 자동차 운전사가 되는 것이었습니다. 일제강점기 때에는 자동차 운전사가 기술직이라서 월급도 많고 매우 인기 있는 직종이었습니다. 그는 자신의 꿈대로 6개월 동안 합승차 조수로 일하면서 면허증을 딴 후 운전사가 됩니다. 춘천과 홍천 사이를 왕래하는 구역을 맡게 되었는데 교통사고가 나 운전을 못하게 되고 우연하게 유랑극단을 만나 황태철이라는 가명으로 무대장치를 거들기도 하고 단역으로 출연하기도 합니다. 황철과 연극의 만남은 이렇게 시작됩니다.

감은 황철이 연극을 시작한 시기는 정확히 언제입니까?

거소 조선연극사의 정황과 황철의 이전 행적을 고려한다면 황철의 구체적인 입단 시기는 1931년 7월경으로 추정할 수 있습니다. 1932년 8월 16일에 발행된 「매일신보」에는 황철의 기록이 남아 있는데 이때부터 그는 연기자로 기록되어 있습니다. 당시 주연급 배우들과 나란히 이름이 실려 있는 것으로 보아 1년 이상의 연구생 과정을 거친 것으로 보아야 합니다.[69]

감은 1932년에 주연급 배우들과 나란히 이름이 실렸다고요?

거소 뚜렷한 두각을 드러내지 못하던 황철에게 주연을 맡을 수 있는

---

69) 앞의 책. p.17.

기회가 찾아옵니다. 왕평의 〈청춘난영〉을 연습하던 중 주연 배우 이경환이 아편 복용으로 경찰에 잡혀가는 사건이 발생합니다. 이경환의 대역을 맡은 황철은 기회를 놓치지 않기 위해 열심히 연습하여 무난하게 역을 소화합니다. 이 작품 이후 황철은 조선연극사의 주연의 반열에 오르게 됩니다. 일본에서 유학하고 돌아온 강홍식이 지방공연을 매우 싫어했기 때문에 지방공연에서 강홍식의 배역은 황철에게 왔습니다. 이런 기회들은 황철이 주연 배우로 성장하는 결정적인 발판이 됩니다.

감은   황철은 운명적으로 다가온 기회를 놓치지 않고 잘 잡았군요.

거소   초창기 조선연극사에서 황철이 배웠던 공연양식은 취성좌의 개량신파였습니다. 황철에게 본격적인 신극 수업을 받게 될 기회가 옵니다. 극예술연구회에서 연출 활동을 하고 있던 홍해성이 조선연극사에서 연출을 한 것입니다. 박영호의 〈개화전야〉를 홍해성의 연출로 공연하여 관객들은 대만원을 이루게 됩니다.

감은   황철이 당시 최고의 연출자와 만나게 되는 순간이군요.

거소   황철은 홍해성과 만남을 통해 체계적인 연극제작과 사실주의적인 연기법에 대해 지도를 받게 됩니다. 이후 홍해성이 동양극장의 연출부 및 무대의 지도부로 참여하면서 둘 사이의 본격적인 만남이 시작됩니다. 홍해성은 주로 사실적인 연극을 표방한 청춘좌 공연의 연출 지도와 배우들의 연기훈련을 맡았습니다.

감은   이때부터 홍해성에게 스타니스랍스키와 메이에르홀드에 연기에 대해서 공부했을 수도 있었겠군요?

거소   황철은 사실주의적인 연기양식에 눈뜨게 되었고 박영호, 임선규, 왕평 등의 작품에 출연하여 사회를 새롭게 인식하게 됩니다.

감은   그것도 황철의 연기능력이 있었기에 가능한 것이겠지요?

거소   그렇습니다. 황철은 1935년 12월 15일 창단공연부터 1939년 8월 17일까지 청춘좌의 일원으로 활동했습니다. 청춘좌의 공연 연보를 살펴보면 지방공연을 떠날 때를 제외하고 보통 5~6일 동안 신작 두세 작품씩 상연합니다. 그 결과 4년 동안 황철이 참여한 서울에서의 정기공연 횟수만 해도 100여회나 되고, 지방공연까지 합해서 1,500일 이상을 무대에 섰습니다. 이렇게 짧은 시간에 많은 작품에 참여할 수 있었던 것은 동양극장의 기획력과 작품 조달을 위해 두었던 문예부 때문에 가능한 일이었습니다.

감은   청춘좌에서 4년 동안 정기공연 횟수만 100여회, 지방공연까지 합해서 1,500일 이상 무대에 섰다는 것은 거의 매일 쉬지 않고 공연을 했다는 말이군요.

거소   황철은 청춘좌에서 〈춘향전〉, 〈단종애사〉, 임선규의 〈사랑에 속고 돈에 울고〉, 〈명기 황진이〉, 〈유정무정〉, 〈추풍령〉, 〈유랑 삼천리〉, 〈사비수와 낙화암〉 등 작품에 주연으로 출연했습니다. 동양극장은 연극 전문극장의 존립과 연극의 기업화와 연극인의 생활안정이 가능함을 입증해 주었습니다. 재기 있는 신인 배우들을 배출했고 제작방식, 연출, 무대, 의상, 대본, 창작의 면에서도 전문성을 띠게 되었고 이를 바탕으로 전문 인력이 양성되었습니다.[70]

감은　연극의 기업화, 연극인의 생활안정과 신인배우 배출, 스태프의 전문 인력 양성 등 많은 일들이 이루어졌군요.

거소　청춘좌의 연출 책임자로 있던 홍해성은 작가와 작품에 대한 논의를 충실하게 진행했으며, 연출 대본을 바탕으로 배우들의 동작선을 칠판에 표시해 두어서 철저하게 반복 연습하도록 지도했습니다. 동양극장은 연출, 배우, 극작의 조화와 원활한 극장 경영이 있었기에 주옥같은 레퍼토리들을 만들어 낼 수 있었으며 관객들에게 오랫동안 사랑을 받았습니다.

감은　황철이 1939년에 청춘좌를 탈퇴한 이후 연극 활동을 간략하게 말씀해 주세요.

거소　아랑(1939~1945)은 청춘좌와 호화선에서 탈퇴한 황철, 박영선, 김두찬 등에 의하여 조직된 극단입니다.[71] 아랑 창단공연 임선규 작 〈청춘극장〉을 1939년 10월 21일부터 22일까지 부민관에서 상연했습니다. 〈그들의 일생〉, 〈정열의 대지〉, 〈북두칠성〉, 〈안해의 고백〉, 〈결혼조건〉, 〈김옥균〉, 〈바람 부는 시절〉, 〈인생설계〉, 〈동학당〉, 〈삼대〉, 〈행복의 계시〉, 〈왕자호동〉, 〈징기스칸〉, 〈물새〉, 〈천조〉, 〈화전지대〉, 〈대동강〉, 〈산하유정〉, 〈사랑의 집〉, 〈얼굴〉 등의 공연에 참여했습니다.[72]

감은　지금 말씀하신 작품들은 황철이 참여했던 주요작품들이지요?

거소　그렇습니다.

---

70) 앞의 책. p.25.

71) 앞의 책. p.32.

72) 앞의 책. p.25~32.

감은   1945년은 조국이 해방이 되고 새롭게 극단을 조직하지요?

거소   그렇습니다. 낙랑극회(1945~1948)는 황철, 극작가 함세덕, 배우 서일성, 그리고 현대극장에서 기획을 담당했던 박민천과 힘을 모아 9월 초에 조직합니다. 이 극단은 위원제로 구성되었는데 위원장에 변기종, 보좌역에 한일송, 박고송, 남자배우로는 황철, 박상익, 김승호 등과 여배우로는 김선초, 유계순, 김신재, 진랑, 황정순 등이 참여했습니다. 창단공연으로 1945년 10월 21일 진우촌 작 〈망향〉을 나웅 연출로 동양극장에서 막을 올립니다.

감은   당시 이념논쟁과 좌우대립 속에서도 정말 왕성하게 활동했군요.

거소   함세덕이 번역한 독일 극작가 쉴러의 작품 〈군도〉 남자 주역 형제는 황철(왕자)과 이해랑(아우)이 맡았습니다. 〈봄밤에 온 사나이〉, 〈호접〉, 〈기미년 3월 1일〉, 〈뇌우〉, 〈바람 부는 시절〉, 〈붓돌의 군복〉, 〈춘향전〉, 〈정열의 대지〉, 〈여명〉, 〈태백산맥〉, 〈위대한 사랑〉, 〈봉선화〉, 〈달밤〉, 〈외로운 사람들〉 등의 작품에 참여했습니다. 이후 8·15 기념공연 준비가 탄압에 의해 중단되고 더 이상의 작품 활동이 어렵게 되자 황철은 대부분의 좌익 연극인들과 함께 월북하게 됩니다.

감은   월북 이전의 황철은 '최고의 배우'라는 칭호를 받으며 연극동료들에게는 부러움의 대상이었습니다. 그 부분에 대해서 말씀해 주세요.

거소   1947년에 발표된 이재현의 글뿐만 아니라 변기종, 고설봉, 이원경, 차범석 등 황철과 함께 연극 활동을 했거나 그의 연기를 지켜본 분들은 한결같이 신극 도입 이후의 최고의 배우로 황철을 지목했습니다.

감은 신극 도입 이후 최고의 배우로 황철을 지목하는군요.

거소 연극인 변기종이 1976년 무대생활 60년 기념공연을 하면서 어떤 배우가 가장 뛰어났느냐는 질문에 30~40년대를 통틀어 최고의 인기배우로 군림했던 인물이 있다, 연극을 보지 않더라도 그의 얼굴만 보고 가면 기쁘겠노라는 고정 팬을 확보하고 있었던 배우 황철을 한국연극사를 망라한 일인자로 손꼽았습니다.

감은 당시에도 황철은 요즘 아이돌 스타들처럼 고정 팬들을 확보하고 있었군요.

거소 황철을 지켜보았던 배우 고설봉은 "그는 천부적인 재능도 있었지만 철저한 프로 근성으로 연습과 공연에 임하였다. 황철은 새로운 대본을 받으면 어디론가 사라졌다. 당시의 대본은 요즘처럼 짤막한 대사가 아니라 아주 길었는데, 밤새 여관이나 혼자 연습할 수 있는 곳에 다녀와서는 모두 외워서 왔다. 그는 아주 명석한 두뇌를 지니고 있어 대사 실수가 전혀 없었다"[73]고 말하고 있습니다.

감은 최고의 배우 이면에는 이렇게 철저한 프로근성이 있었군요.

거소 인간적인 부드러움과 포용력이 있었던 황철의 성품은 연기에서도 반영되었습니다. 황철은 풍부한 표현력을 자신의 모습을 돋보이게만 하는데 사용하지 않고 상대 배역과의 적절한 조화를

---

73) 앞의 책. p.53.

위해 사용하고 있었습니다. 그래서 그와 앙상블을 이루었던 배우들은 황철과 함께 유명해졌습니다. 여자배우로는 차홍녀, 박영신, 문정복, 김선영, 최승희 등이 있고, 남자배우로는 심영, 서일성, 이동호, 이해랑 등이 대표적인 인물들입니다.[74]

감은   황철은 화술연기가 뛰어났다고 했는데 어느 정도였습니까?

거소   황철의 화술연기에 대해 이해랑은 "'훈훈하고 유순하게 흘러나오는 그의 목소리는 일품이었다. 500명을 수용하는 극장에 천여명의 관중이 모여 앉아 소란스러운 자리에서도 그 친구의 훈훈한 연기가 나가면 어느덧 조용해지곤 했다. 말하자면 천성적으로 연극배우의 소질을 타고난 사람"이라고 기술하고 있습니다.

감은   동료배우 이해랑은 황철을 천성적으로 타고난 연극배우라고 극찬을 했군요.

거소   배우 고설봉은 "황철은 천부적으로 타고난 신체적 조건을 소유하였다. 다른 연기자에 비해 유난히 목통이 굵고 힘이 좋아 몇달을 공연해도 목이 쉬는 일이 없었다. 황철의 목은 하늘이 준 건데 아무리 긴 대사를 해도 목이 쉬지 않고, 목소리가 크고 또렷하여 아무리 들어도 싫증이 나질 않고 듣기 좋은 음성이"라고 극찬하고 있습니다.

감은   월북 이후에는 어떻게 됐습니까?

거소   월북 이후 황철의 가장 큰 업적은 『무대화술』과 『화술과 분장』의 이론을 저술한 것입니다. 『무대화술』은 1959년 3월 10일 조

---

74) 앞의 책. p.54.

선예술사에서 출판된 책으로 배우 수업에 필요한 기본 훈련을 세밀하게 언급하고 있습니다. 『화술과 분장』은 1963년 9월 15일 조선문학예술총동맹출판사에서 출판되었습니다. 이 책은 황철이 죽은 후에 그가 남긴 자료들을 종합하여 한 권의 책으로 묶게 됩니다.

감은 『무대화술』과 『화술과 분장』의 이론서를 저술하게 되는군요. 와! 이건 연극인으로서 대단한 쾌거인데요? 책의 내용은 어떻게 됩니까?

거소 책의 내용은 무대화술, 분장론, 논평 및 수기, 작품으로 이루어져 있습니다. 무대화술의 항목은 책의 『무대화술』 원문을 그대로 싣고 있습니다.

감은 황철의 『무대화술』이 궁금한데요?

거소 "진실로 체험하는 연기 창조를 위해 부단히 노력하여야 하며 동시에 새로운 극장 윤리학을 심오하게 체득함으로써 스타니스랍스키 시스템, 즉 사회주의 사실주의 연극예술을 확립하여야 한다." 당시 북한에서는 사회주의 사실주의가 마치 스타니스랍스키의 이론인 양 곡해되고 있음을 확인할 수 있습니다. 이러한 경직된 연극정책은 이 시기가 소련의 스탈린 치하로 억압적인 분위기였다는 것을 인식하면 쉽게 도움이 될 것입니다.

감은 북한에서 스타니스랍스키의 이론이 곡해되고 있었다고요?

거소 그러니까 당시 소련의 스타니스랍스키 시스템은 사회주의 사실주의 연극이라고 북한의 연극인들은 인식하고 있었습니다. 그래서 북한연극인은 무조건 스타니스랍스키 시스템을 수용하고 확립하여야 되는 상황이었습니다.

감은   오, 이런! 당시 북한 연극인은 스타니스랍스키 시스템을 무조건 수용하고 확립해야 연극인으로서 활동할 수 있었다고요?

거소   그렇습니다.

감은   월북 이후 황철의 연기술에 대해서 말씀해 주세요.

거소   "스타니스랍스키 시스템을 종교적으로 따르기만 하면 좋은 연기를 낳게 해주는 일련의 연습이나 개념으로서 중요한 것은 아니다." 황철은 북한 연극의 초기 단계에서 스타니스랍스키의 『배우수업』을 바이블처럼 외우기만 하면 대배우가 되는 것처럼 착각하고 있는 현실을 비판했습니다.

감은   당시 북한의 연극 상황에서 스타니스랍스키의 시스템을 비판하는 게 쉽지 않았을 것인데 황철은 자기주장을 분명히 했었군요. 황철은 스타니스랍스키 시스템의 오류를 알고 있었네요?

거소   그런 거 같습니다. 황철은 연기자는 무대 표현을 위해 끊임없이 기본 훈련을 쌓아야 한다고 가르쳤습니다. "기본이 되는 것은 배우의 육체훈련이다. 배우의 육체훈련은 크게 말의 행동과 몸의 행동으로 나누어 볼 수 있다. 말의 행동과 몸의 행동의 유기적 연계성을 설명하면서 배우가 말의 행동을 훈련할 때에도 항상 내면적 정서와 더불어 몸의 행동이 같이 있으며 똑같이 중요하다고 주지시키고 있습니다.

감은　　연기자에게 내면적 정서와 더불어 외적인 몸의 행동이 똑같이 중요하다고 말하고 있군요. 이건 스타니스랍스키의 내면적 정서와 분명히 다르군요. 아니면 억지로 함께 가고 있는 느낌이구요.

거소　　그렇습니다. 나의 방법은 내적인 것과 외적인 것의 통일에 기초를 두고 있다. 인간의 정신생활은 무대에서 스스로 창조되는 것이 아니라 다만 인간의 육체적 생활을 창조하는 방도로서 창조되는 바, 인간의 육체적 생활은 곧 정신적 생활 창조에 유리한 지반인 것이다. 우리가 생각해야 할 첫 일은 바로 자기의 진실로서 튼튼해진 육체적 행동들로써 포장하는 그것이라고 기술하고 있습니다.

감은　　배우가 생각해야 할 첫 일은 바로 자기의 진실로서 튼튼해진 육체적 행동들로써 포장하는 것이라고 말하는 것은 외적인 연기의 중요성을 강조하고 있군요.

거소　　그렇습니다. 황철은 스타니스랍스키 『배우수업』의 내용을 외우거나 그렇지 않으면 혼자 앉아서 조용히 사색하는 것만으로 훈련을 진행하는 것을 경계시켰습니다. 황철은 이러한 훈련의 오류가 창조 과정에서 극명하게 드러난다고 보고 있었습니다.[75]

감은　　스타니스랍스키 시스템의 특징은 배우들이 내면의 정서에 집중하기 위해 혼자 조용히 사색하는 것인데……. 이것을 못하게 했군요.

거소　　"배우의 지식은 읽고 보고 아는 것보다는 말하고 움직이고 서보

---

75) 앞의 책. p.73

는 것이 중요하다. 머릿속에만 간직해둘 것이 아니라 피부로 알고 근육으로 움직이고 가슴으로 느껴야 하는 것이다. 우리가 사랑하며 배우고 있는 『배우수업』도 배우의 이런 실제적인 지식을 위하여 실기하는 과정을 기록하여 놓은 데 불과하다"[76]고 주장했습니다.

감은 "말하고 움직이고 서보는 것이 중요하다. 피부로 알고 근육으로 움직이고 가슴으로 느껴야 하는 것이다"라는 말은 메이에르홀드의 외적인 감각의 행동을 통해 내면의 정서를 일으켜야 한다는 것과 일치하는군요. 그러면서도 스타니스랍스키 시스템을 함께 끼워 넣고 있군요.

거소 "연극은 말과 동작(몸짓)으로 표현되는 것이니만치 말은 누구나 다 소유하고 있고, 몸짓도 역시 일상생활에서 늘 사용하여 잘 알고 있는 까닭에 새삼스럽게 따로 훈련할 필요를 느끼지 못하게 되는 점이다. 마치 아는 길을 물어가는 것 같고 배운 것을 다시 배우는 것 같아서 정열이 나지 않고 따분하여 심지어는 불필요한 노력을 하는 것과도 같다"고 상기시키고 있습니다.

감은 연극은 말과 동작(몸짓)으로 표현되는 것이라고 반복하여 주장하고 있군요.

가소 배우는 작가의 희곡을 기본으로 하여 창조하는 과정에서 작가의 의도에 복종해야 하며, 자기의 역에만 몰두하여 전체 흐름의 틀을 깨뜨리지 말아야 하고 연출가의 지도를 받을 줄 알아야 한

---

76) 앞의 책. p.74~75.

다[77])고 황철은 말하고 있습니다.

감은 배우는 자기 역할만 보지 말고 작품 전체를 보고 연기할 수 있어야지요.

거소 황철은 배우의 2가지 창조기능 중 내적, 외적 요소들이 배우 예술의 기본인 행동을 규정하여서 내적행동과 외적행동을 창조하는데 내적행동 자체는 독립적으로 표현될 수 없고, 반드시 직접적으로나 간접적으로나 외적행동을 통하여야만 표현될 수 있는 것이다. 즉 외적행동은 내적행동의 표현 행태이며 내적행동의 반영인 것이라고 주장합니다.

감은 연기는 외적행동을 통해서만 내적행동을 표현하게 된다는 말씀은 스타니스랍스키의 시스템과 완전히 대치되는 연기술을 주장하고 있군요.

거소 당시 북한은 스타니스랍스키의 시스템을 무조건 수용해야 하는 상황에서도 황철은 "내적행동 자체는 독립적으로 표현될 수 없다. 반드시 직접적으로나 간접적으로나 외적행동을 통해야만 내적행동을 표현할 수 있는 것"이라고 자기 연기관을 확실하게 주장하고 있습니다. 이런 확신에 찬 연기관은 황철의 다양한 무대경험에 의해 자연스럽게 연기술의 오류와 진리를 분별할 수 있는 능력을 소유하고 있었기 때문에 가능한 것이라고 생각합니다.

감은 황철은 다양한 무대경험을 했었기 때문에 연기술의 진위를 분별할 수 있는 능력을 소유하게 되었다는 말씀이군요. 황철은 배우

---

77) 앞의 책. p.72.

를 꽃이라 표현했습니다. 그 부분에 대해 말씀해 주세요?

거소   황철은 연극에서 배우의 존재를 꽃에 비유합니다. 연극을 구성하는 제 요소 중에서 가장 귀중한 요소로 파악하고 있는 겁니다. 황철은 배우는 집단적 예술의 대변자이며 개개인의 예술가들과 대중(관중) 사이에서 생생한 친교를 맺어주는 가장 결정적인 존재인 것이다. 그러므로 연극을 구성하는 모든 요소들은 배우를 위하여 존재하는 것이다[78]고 말하고 있습니다.

감은   무대의 모든 요소는 배우를 위해 존재한다. 배우와 관객의 생생한 친교와 메이에르홀드의 배우와 관객의 직선연극과 그로토프스키의 배우와 관객 중심의 연극은 서로 추구하는 것이 많이 닮아있군요.

거소   황철은 "배우라는 직업은 누구나 할 수 있는 것일까? 끼, 타고난 재주 등의 다양한 수식어가 생긴 것도 이러한 이유다. 이러한 상황은 남한에서도 마찬가지다. 배우는 교육되고 훈련될 수 있다기보다는 타고난 재주라는 인식이 지배적이다. 그러나 배우는 단지 갑이라는 한 명의 인물이 아닌 다양한 성격, 나이를 지닌 역을 수행할 수 있어야 한다. 마치 연주자가 어떠한 곡이라도 제시되면 연습을 통해 들려 줄 수 있는 것과 같은 것이다. 희곡에 악보가 그려져 있지 않고 안무의 도표가 그려져 있는 것은 아니다. 그러나 배우는 말에서 노래를 찾고 동작에서 춤을 찾아 스스로 작곡과 안무를 하지 않으면 안 된다. 이러한 능력을 소유하기 위한 노력을 게을리 한다면 배우로서 살아갈 수 없다"[79]고

---

78) 앞의 책. p.72.

주장합니다.

감은 배우는 끼와 타고난 재주를 가지고 있어도 노력을 게을리 해서
는 안 된다는 말씀이시지요?

거소 맞습니다. 사실 배우 황철은 '끼와 재능이 타고난 천재 배우이
다. 백 년에 한번 나올 수 있는 배우이다.'라는 극찬을 들었던 배
우입니다. 그런 당사자가 노력을 게을리 한다면 배우로서 살아
갈 수 없다고 주장하고 있습니다. 이 말은 다른 사람이 보기에
타고난 천재배우로 보일지라도 끊임없이 노력해야 훌륭한 연기
를 할 수 있게 되고 천재배우로 인정받을 수 있게 된다고 말씀
하고 있습니다.

감은 황철이 1959년에 이렇게 훌륭한 연기관을 소유하고 있었다는 것
은 오늘날 연극인에겐 금과옥조金科玉條 같은 소중한 유산입니다.
황철의 무대화술에 대해 말씀해 주세요.

거소 황철은 『무대화술』에서 몸의 행동보다는 말의 행동을 주로 언급
하고 있습니다. 황철은 연극이론가이기 이전에 배우였습니다.
이러한 그의 경험은 스타니슬랍스키의 연기이론을 수용하는데
있어 여과기 역할의 작용을 합니다. "외국의 연기이론이 아무리
훌륭하여도 다른 나라 말의 행동을 구체적으로 가르칠 수는 없
다. 결국 이 문제는 해당언어를 사용하는 나라에서 주체적으로
연구되어야 한다. 무대화술의 연구에 많은 시간을 할애한 것도
이러한 말의 행동을 정확하게 훈련시키기 위해서였다"고 말하고

---

79) 앞의 책. p.75.

있습니다.

감은   맞습니다. 세종대왕이 만든 우리말은 대한민국 국민이 최고로 잘할 겁니다.

거소   황철은 말의 행동은 연구를 통해 아름다운 우리 언어를 소유하는 것의 중요성과 우리말의 사용원리와 그 특성에 대한 이해를 바탕으로 배우가 무대에서 연기를 할 때 부딪히게 되는 화술상의 일반적인 문제를 제기했습니다. 황철은 말을 배우 예술의 첫째가는 요소라고 생각하고 있으며 이것을 자신의 예술가적 신조라고 말하고 있습니다. 이러한 말의 구사는 자기에게 엄격하고 혹독해야 정확한 행동이 될 수 있으며 그는 이러한 말의 행동이 제대로 잡히면 배우들이 무대적 행동을 찾을 때에는 가장 자유로운 조건을 보장 받는다고 주장하고 있습니다.

감은   최고의 배우로 활동한 산 경험자에게 나올 수 있는 귀하고 소중한 배우화술에 대한 연기술을 후배들은 소중하게 잘 받아 들여야겠습니다.

거소   배우의 인물창조의 기본이 되는 것은 자기 자신이며 자기의 목소리와 억양을 토대로 역할 창조에 임할 것을 강조하고 있습니다.

감은   인물창조의 기본이 되는 것은 자기 자신이며 자기의 목소리와 억양을 토대로 역할 창조에 임하라는 말씀은 정말 귀하고 소중한 화술연기의 근본적인 방법입니다.

거소   그렇습니다. 황철의 연기술 중 가장 큰 특징 중의 하나는 아름다운 화술이었습니다. "잘 훈련이 된 인상적인 목소리와 능숙한 말의 기술을 소유한 배우가 무대에서 대사를 할 때는 그의 율동적인 억양과 휴지에 관중은 마치 아름다운 음악을 듣는 듯이 도취되고 만다"[80]고 황철은 기술하고 있습니다.

감은 배우가 대사를 할 때 율동적인 억양과 휴지에 관중은 마치 아름다운 음악을 듣는 듯이 도치되고 만다…… . 정말 감동적이네요?

거소 배우들이 무대화술에서 많은 문제점을 드러냈을 때, 황철 연출자는 그 때마다 연습을 중단시키고 화술의 중요성에 대해 언급하며 아무리 급하고 긴장된 순간에도 정확하지 못한 말에 대하여서는 추호의 용서도 하지 않을 것이라고 엄포를 놓았습니다. 이러한 황철의 지적에 대해 배우들은 연출가에게 직접적인 지도를 부탁하게 됩니다. 하지만 황철은 배우는 연출가 때문에 사는 것이 아니라 배우는 독창적인 창조가이므로 스스로 생존하는 것이며, 독창적인 창조가가 되려면 자기의 절대적인 밑천이 있어야 한다[81]고 가르쳤습니다.

감은 배우는 연출가 때문에 사는 것이 아니다. 자기의 절대적인 밑천이 있어야 한다고요?

거소 행동은 막이 오르는 첫 순간부터 움직인다. 이는 연극이 무엇을 어떻게 행동할 것인가를 보여주는 예술이기 때문이다. 엄밀하게 말해서 배우의 대사도 행동이라고 말할 수 있다. 배우의 대사는 배우의 입놀림이라는 육체의 움직임을 통해 이루어진다. 또한

---

80) 앞의 책. p.52.
81) 앞의 책. p.89.

배우의 신체처럼 오랜 연습을 통해서만이 활용이 가능하다. 황철이 화술에 많은 시간을 할애한 것도 이러한 말의 행동을 정확하게 훈련시키기 위해서였다[82]고 기술하고 있습니다.

감은 배우의 대사도 육체의 행동이다. 배우의 신체처럼 오랜 연습을 통해서만이 활용이 가능하다. 이건 오랜 무대 경험자에게 나올 수 있는 체득의 연기술입니다.

거소 당시 스타니스랍스키 시스템은 사회주의 사실주의 연극이라고 북한의 연극인들은 인식하였고, 북한연극인은 무조건 스타니스랍스키 시스템을 수용하고 확립하여야 되는 의무적인 환경에서도 황철은 스타니스랍스키의 오류를 지적하고 "내적행동 자체는 독립적으로 표현될 수 없다. 반드시 직접적으로나 간접적으로나 외적행동을 통하여야만 내적행동을 표현할 수 있는 것이다"라고 자기 연기관을 확실하게 주장하고 있습니다.

감은 황철이 월북하지 않고 남쪽에서 계속 활동을 했다면 어쩌면 대한민국의 연극도 1960년대 정도에는 스타니스랍스키 시스템의 오류에서 벗어날 수도 있었을 것이란 생각을 하게 됩니다. 그러면 연극이 지금보다 더 깊고 넓게 그리고 더 크게 질적으로 환경적으로 성장했을 것입니다.

거소 황철이 직접 저술한 『무대화술』과 『화술과 분장』 연극이론서가 스타니스랍스키, 메이에르홀드, 그로토프스키의 연극이론서들과 동등한 연극이론서임을 확인할 수 있었습니다. 정말 후배 연극

---

82) 앞의 책. p.91.

인으로서 자랑스러운 일이라 생각됩니다.

감은 배우 황철을 한국연극사 30~40년대를 통틀어 최고의 배우'라는 칭호를 받으며 연극동료들에게는 부러움의 대상이었습니다. 당시에도 황철은 요즘 아이돌 스타들처럼 고정 팬들을 확보하고 있었습니다. 월북 이후 황철이 스타니스랍스키 시스템의 오류를 지적할 수 있는 능력과 『무대화술』과 『화술과 분장』 연극이론서를 직접 저술할 수 있는 능력은 연기자로서 수많은 무대경험에서 얻을 결과입니다. 연극인의 능력과 재능을 키울 수 있는 유일한 길은 온전한 무대경험으로부터 얻은 겁니다. 황철 조상님께서는 끼와 재능이 타고난 천재 배우라도 노력을 게을리 한다면 배우로서 살아갈 수 없다고 말씀하셨습니다. 거소 선생, 소중한 말씀 감사드립니다.

17

스타니스랍스키 화술연기

감은   스타니스랍스키의 화술연기에 대해서 말씀을 나눠보겠습니다.

거소   스타니스랍스키는 겨우 3~4살 때 첫 무대에 섰는데, 모피를 몸
       에 두르고 털모자를 쓰고 긴 수염을 붙인 채 연기를 했습니다.
       그는 75년의 삶 중 70년 이상을 연극과 함께 해왔습니다. 그런
       데 안타깝게도 그의 핵심적인 시스템이라 할 수 있는 배우수업
       을 보면 화술연기 방법에 대한 언급이 없습니다.

감은   말씀을 듣고 보니 그렇군요?

거소   그의 시스템인 배우수업에 화술연기에 대한 방법이 기술되어 있
       지 않습니다. 연극배우에게 무대화술은 거의 절대적이라 할 수

있는데 말이지요.

감은   배우수업에 왜 연기의 심장과도 같은 화술연기 방법이 없는 겁니까?

거소   그의 시스템을 모두 잘한다고 해도 화술연기 한 가지를 제대로 연기하지 못하면 모든 연기를 망치게 되는 게 현실입니다. 그런데 배우수업에 화술연기 메소드가 없는 것은 스타니스랍스키가 시스템을 만들 당시엔 화술연기의 중요한 가치에 대해 잘 알지 못했기 때문에 기술할 수 없었던 걸로 생각됩니다.

감은   화술연기에 대해 잘 알지 못해 기술하지 않았다고요? 그럼 스타니스랍스키가 화술연기에 대해 깊은 관심을 가진 건 언제부터입니까?

거소   그의 저서 『나의 예술인생』을 보면 1915년 52세 때 살리에리 역을 연기하고부터 화술연기의 중함을 알게 되었다고 기술하고 있습니다.

감은   52세 때 〈모차르트와 살리에리〉의 살리에리 역할을 하면서부터라고요?

거소   네. "나는 살리에리의 모든 내적인 삶과 지향, 생각, 정신을 느꼈다. 그 느낌이 나의 심장에서 몸으로, 몸의 중심과 목소리와 혀로 이동하기 전까지는 옳게 역을 살았다. 그러나 나의 내면이 체험한 것을 움직임으로, 특히 단어와 말로 표현하려 했을 때 나의 의지와는 무관하게 몸이 삐뚤어지고 과장되고 목소리가 달라졌다. 나의 내적인 감정이 외형적인 형태를 발견하지 못한 것이다"[83]라고 기술하고 있습니다. 다시 말해 화술연기를 잘하지 못했다는 겁니다.

감은 내적인 감정이 외형적인 형태를 발견하지 못한 것이란 말은 황철이 무대화술도 외적인 행동이라고 말씀하신 것과 같은 말이네요?

거소 그렇습니다. 무대화술도 외적인 행동이기 때문에 역할의 대사를 외적인 행동을 통해 반복적으로 충분히 연습을 해야 화술연기를 잘할 수 있게 된다는 것을, 내적인 감정이 외형적인 행태를 발견하지 못한 것이라고 말하고 있는 겁니다.

감은 좀 더 쉽게 말씀해 주시겠습니까?

거소 예를 들어 철이라는 아이는 여러 사람 앞에서 발표를 해야 합니다. 그런데 철이는 발표할 내용에 대해 내적인 정서와 감정과 느낌만을 생각하게 됩니다. 그리고 발표를 했는데 말을 못해 망쳤습니다. 발표를 잘하기 위해서는 실제 외적으로 소리 내어 행동과 함께 발표를 반복 연습해야 잘할 수 있게 된다는 사실을 알게 되었다는 말입니다.

감은 그건 너무나 상식적인 거 아닙니까? 가수가 신곡 발표를 위해 목청껏 노래 부르고, 안무를 통해 온몸으로 리듬에 맞춰 춤도 연습해야지요. 그래야 훌륭한 공연을 할 수 있게 되겠지요. 가만히 앉아서 내적인 정서와 감정과 느낌만 생각하면 공연 때 노래를 잘할 수 없습니다. 제 말과 같은 상황 아닙니까?

---

83) 스타니슬랍스키. 『나의 예술인생』. 강량원 옮김. p.649.

거소 같은 상황입니다. 역할의 화술연기를 잘하기 위해서는 외적인 정서의 행동과 함께 발음, 감각, 리딩, 대사 훈련 등의 화술훈련을 제대로 해야 합니다. 그래야 화술연기를 잘할 수 있게 되는 겁니다. 내적인 정서와 감정과 느낌만 가지고서는 화술연기를 잘할 수 없습니다.

감은 스타니스랍스키는 살리에리 역할로 화술연기에 대해 또 무슨 말을 합니까?

거소 무대 위의 배우로서 화술연기는 스스로 실패였다고 말합니다. "내 목소리와 말을 더욱 주의 깊게 들으면서 나는 무엇보다도 내가 시를 바르게 읽지 못한다는 사실을 확인했다. 나는 무대 위에서 평생 그렇게 말해 온 것이다. 나는 나의 과거가 부끄러웠다. 과거로 돌아가 옛날에 내가 창조했던 모든 것을 없애 버리고 싶었다"[84]고 말합니다.

감은 과거에 공연했던 자신의 모습을 지우고 싶다고요? 정말 가슴 아픈 말이네요.

거소 "나는 연기할 때 수많은 결점들—몸의 긴장, 무절제, 과장, 스탬프 연기, 경련, 속임수, 꾸미는 말투, 연극적인 감정—이 그렇게 자주 노출되는 이유가 내가 내면적인 삶을 진실하게 표현할 수 있는 말을 하지 못하기 때문임을 깨달았다. 예술에 있어 무대 표현과 감동의 가장 강력한 수단 중의 하나가 아름답고 훌륭한 말이라는 사실을 발견하고 처음에는 희열에 넘쳤다. 그러나 곧

---

84) 앞의 책. p.651.

훌륭하게 말하는 것이 얼마나 어려운 일인지 깨닫게 되었고 불가능해 보이는 과제 앞에서 절망했다"[85]고 스타니스랍스키는 고백하고 있습니다.

감은 화술연기를 잘하는 것이 얼마나 어려운 일인지를 50대에 깨닫게 되는군요?

거소 "〈모차르트와 살리에리〉 공연을 끝낸 뒤 나는 다시 그때까지 내가 좇았던 어떤 것보다 더 힘든 과제 속에서 몸부림쳤다. 그때 나에게 모든 지나간 삶은 죄악으로 가득 차 있고 거짓된 예술의 길로만 달려왔기 때문에 아무것도 배운 것이 없다고 생각되었다"[86]고 고백하고 있습니다.

감은 거짓된 예술의 길로만 달려왔다고요? 〈모차르트와 살리에리〉 공연 이후 스타니스랍스키는 화술연기에 대해 계속 연구를 하게 됩니까?

거소 그럼요. 그러나 화술연기의 수렁에 빠지게 되면 대개 본능적으로 그것에서 급하게 빠져 나오려고 합니다. 그럴수록 화술연기의 수렁으로 깊게 빠져들게 됩니다. 그러나 스타니스랍스키는 포기하지 않고 자신이 원하는 목소리를 찾기 위해 커다란 고통과 괴로움의 시간들을 보내게 됩니다.

감은 그래서 화술연기의 방법을 찾았습니까?

거소 아니요. 그렇게 쉽지가 않습니다. 스타니스랍스키는 "음악과 같

---

85) 앞의 책. p.652.
86) 앞의 책. p.654.

은 대사는 배우에게 얼마나 많은 새로운 가능성을 열어 주는가? 음악은 그 때 이해할 수 없어서 괴로웠던 많은 것으로부터 나를 풀어주었다. 음악은 나에게 배우는 말을 할 줄 알아야 한다는 사실을 알려주었다. 이상하지 않은가? 그것을 이해하기 위해 거의 60년을 살아야 했다"[87]고 기술하고 있습니다.

감은 음악은 나에게 배우는 말을 할 줄 알아야 한다는 사실을 알려주었다고요? 그 후 스타니스랍스키의 화술연기는 어떻게 됩니까?

거소 유럽과 미국 순회공연 1922년 9월부터 1924년 8월에 이르는 긴 순회공연에 들어갑니다. 그 여행을 통해 당시 스타니스랍스키가 가장 흥미를 가지고 있던 소리와 말의 영역에서 중요하고 새로운 것을 인식하고 느끼는데 성공했다[88]고 언급하고 있습니다.

감은 그 때가 59세에서 61세가 되는 시기인데……. 소리와 말의 영역에서 중요하고 새로운 것을 인식하는데 성공했다고요. 자세히 말씀해 주세요?

거소 스타니스랍스키는 순회공연 중 "나는 자주 거대한 공간에서 극장의 대표 자격으로 연설을 해야 했다. 그 때문에 목소리가 변하기 시작했다. 쉰 소리, 약해진 목소리, 쉬 피로해지는 목은 작업을 방해했다. 그런 가운데 장기적으로 계속될 미국 순회공연이 가까워졌고 계약서에는 더 많은 공연에 동의한다는 서명이 되어 있었다. 나는 매일 목소리 훈련을 해 나갔다. 언젠가 꼬미싸르제프스키 노인에게서 들은 지식과 내가 이끌었던 볼쇼이 극

---

87) 앞의 책. p.658.
88) 앞의 책. p.699~700.

장 오페라 스튜디오의 교사였던 구꼬바와 보그다노비치가 가르쳐 준 지식을 바탕으로 만든 발성훈련과 연습과제를 호텔방에서 했던 것이다[89]고 말하고 있습니다.

감은   아니 매일 목소리 훈련을 해나갔는데, 호텔방에서 발성훈련을 했다고요?

거소   네. 호텔방에서 발성훈련은 신경이 예민한 옆방 사람이 문을 두드려서 호의적이지 않았다고 말하고 있습니다. "나는 내 아름답지 못한 노래를 들으려고 그 사람이 문에 귀를 갖다 댄 것처럼 여겨져서 부끄러웠다. 그 때부터 나는 소리를 절반으로 낮춰 훈련을 하게 되었다. 그것이 무대 언어 훈련에 매우 유용한 일이었다는 것이 나중에 밝혀졌다. 2년 동안 나는 매일 체계적으로 목소리를 훈련했고 그것이 나의 목을 튼튼하게 만들었다."[90]

감은   2년 동안 매일매일 체계적인 목소리훈련과 발성훈련을 통해 목을 튼튼하게 만들었고 쉰 목소리를 극복했군요. 특히 소리를 절반으로 낮춰 훈련했던 것이 유용하다는 걸 나중에 알게 됐군요.

거소   네. 스타니슬랍스키는 "쉰 목소리는 사라졌다. 나는 두 차례의 미국 시즌과 유럽 시즌에서 아침의 연습과 저녁의 공연 그리고 공연 뒤의 갖가지 리셉션과 모임들을 만족스럽게 치러냈다. 더욱 중요한 것은 무대 언어 훈련에 집중한 뒤에야 비로소 배우에게 목소리가 얼마나 큰 예술적 실제적 의미를 갖고 있는지를 깨닫게 되었다"[91]고 『나의 예술인생』에서 기술하고 있습니다.

---

89) 앞의 책. p.700.
90) 앞의 책. p.700~01.

감은   2년 동안 매일 체계적인 목소리 훈련을 통해 쉰 목소리를 극복했고, 목을 튼튼하게 만들었고, 화술연기에 집중한 뒤에야 비로소 배우에게 목소리가 얼마나 큰 예술적 실제적 의미를 갖고 있는지를 깨닫게 되었다고 말하고 있군요.

거소   그 후 스타니스랍스키는 70대가 되어서 이제야 화술연기를 알 수 있을 것 같다고 말합니다.

감은   거장 스타니스랍스키는 50대에 화술연기의 큰 가치를 깨닫게 되고 60대가 되어서도 포기하지 않고, 스스로 화술연기를 극복하기 위해 해외 순회공연 2년 내내 계획과 체계를 세워 매일매일 목소리 훈련을 해나갔습니다. 외적인 행동을 통해 쉰 목소리도 극복 했고 배우에게 화술연기가 큰 예술적 가치와 실제적 의미를 갖고 있다는 걸 후손들에게 교육하고 있습니다. 그의 나이 70대가 되어서 화술연기를 알 수 있을 것 같다는 진솔하신 말씀에 감사드리고 싶습니다. 거소 선생, 소중한 말씀 감사합니다.

---

91) 앞의 책. p.701.

참고문헌

고설봉. 『빙하시대의 연극마당 배우세상』. 이가책, 1996.

고승길. 『동양연극연구』. 중앙대학교 출판부, 1993.

구희서. 『무대 위의 얼굴』. 시민, 1990.

권영준. 「메이에르홀드의 生體力學訓練과 노(能)의 身體訓練을 통한 俳優活用 方法
　　　의 特性比較研究」. 동국대학교 석사학위논문, 2000.

권오성. 『한민족 음악론』. 학문사, 1999.

그로토프스키, 예지. 『가난한 연극』. 고승길 옮김. 교보문고, 1987.

그로토프스키 외. 『그로토프스키 연극론』. 나진환 편역. 현대미학사, 2013.

김석만. 『인간의 마음을 사로잡는 연기의 세계』. 연극과 인간, 2003.

김석호. 『발성훈련과 화술』. 숲속의 꿈, 2003.

김설현. 「메이에르홀드의 발라간칙: 새로운 연극을 향한 메이에르홀드의 시도」.
　　　중앙대학교 석사학위논문, 2014.

김영미. 「무대연기에 있어 발성과 호흡의 효과적인 지도를 위한 고찰」. 단국대
　　　학교 석사학위논문, 2005.

김용식. 「국어 매체 언어의 음성 연기 연구」. 경희대학교 박사학위논문, 2006.

김우겸. 『호흡생리학』. 생명의 이치, 1997.

김정옥. 『나의 연극 교실』. 서문당, 1974.

김철리. 「셰익스피어 연극의 한국어 무대화 연구 - 타이터스 앤드러니커스를 중심으로」. 성균관대학교 석사학위논문, 2005.

김철홍. 「무대화술을 위한 전 단계 훈련방법연구」. 중앙대학교 석사학위논문, 2004.

나상만. 『스타니슬라브스키, 어떻게 볼 것인가?』. 예니, 2002.

넴즈, 헨닝. 『연극 연출』. 이봉원 옮김. 미래문화사, 1994.

드니, 미쉘 셍. 『연기훈련』. 윤광진 옮김. 예니, 1994.

디드로, 드니. 『배우에 관한 역설』. 주미사 옮김. 문학과지성사, 2001.

로버트슨, 위렌. 『당신의 인생을 연기하라』. 김석만 옮김. 한울, 1994.

류홍근. 「무대연기 화술지도 방법에 관한 연구」. 단국대학교 석사학위논문, 2007.

바, 토니. 『영화 연기』. 김학용·이승구 옮김. 영화진흥공사, 1990.

박인권. 『언어 지도법』. 형설, 1996.

베이츠, 브라이언. 『배우의 길』. 윤광진 옮김. 예니, 1997.

볼코브, 솔로몬 볼코브. 『쇼스타코비치회고록』. 김도연 옮김. 종로서적, 1983.

브레히트. 『서사극 이론』. 김기선 옮김. 한마당, 1989.

브룩, 피터. 『열린문』. 허순자 옮김. 평민사, 1996.

서연호·이상우 엮음. 『홍해성 연극론 전집』. 영남대학교 출판부, 1998.

서항석. 『서항석 전집』. 하산, 1987.

셀던, 새무엘. 김진식 옮김. 『무대예술론』. 현대미학사, 1997.

셰익스피어, 『4대 비극』. 정해근 옮김. 두로, 1997.

소쉬르, 페르디낭 드. 『일반 언어학 강의』. 최승언 옮김. 민음사, 1997.

스타니슬랍스키. 『나의 예술인생』. 강량원 옮김. 책숲, 2012.

_____. 『배우수업』. 오사랑 옮김. 성문각, 1988.

_____. 『배우의 성격 구축』. 오사랑 옮김. 프뢰벨사, 1985.

_____. 『성격구축』. 이대영 옮김. 예니, 2001.

_____. 『역할구성』. 김균형 옮김. 소명출판, 1999.

스트라스버그, 리. 『연기의 방법을 찾아서』. 하태진 옮김. 현대미학사, 1993.

신정옥. 『한국 신극과 서양 연극』. 새문사, 1994.

아리스토텔레스. 『시학』. 이상섭 옮김. 문학과지성사, 2013.

아르토, 앙토넹. 『잔혹연극론』. 박형섭 옮김. 현대미학사, 2000.

아성. 『무대예술인간』. 그루, 1983.

안치운. 『추송웅 연구』. 청하, 1992.

양광남. 『연기론』. 창인사, 1970.

엄국천. 「배우 황철 연구」. 중앙대학교 석사학위논문, 1999.

엄옥란. 「으제니오 바르바의 연기론」. 중앙대학교 석사학위논문, 1996.

에반스, 제이 로스. 『전위연극론』. 심우성 옮김. 동문선, 1989.

여석기. 『동서 연극의 비교연구』. 고려대학교 출판부, 1987.

오세곤. 『배우의 화술』. 다슬, 2002.

오순환. 『언어심리 행동법』. 도서출판 극단 열림, 2002.

오협. 「연기에 있어서 호흡과 발성, 대사의 효과적인 훈련방법 연구」. 청주대
      학교 석사학위논문, 2002.

유민영. 『우리시대 연극운동사』. 단국대학교 출판부, 1990.

_____. 『한국 연극의 위상』. 단국대학교 출판부, 1991.

_____. 『한국연극운동사』. 태학사, 2001.

유치진. 『동랑 유치진 전집(전9권)』. 서울예술대학 출판부, 1993.

윌슨, 에드윈·앨빈 골드파브. 『세계연극사』. 김동욱 옮김. 한신문화사, 2000.

이상직. 「무대연기자의 호흡에 관한 연구 -배우 장민호를 중심으로」. 서강대
      학교 석사학위논문, 1999.

이스티, 에드워드 D. 『메소드 연기』. 이강열 옮김. 경서원, 1986.

이원경. 『연극 연출론』. 현대미학사, 1997.

이원양. 『브레히트 연구』. 두레, 1988.

이주영, 『연출가 메이예르홀드』, 연극과인간, 2005.

이해랑. 『허상의 진실』. 새문사, 1991.

이현복. 『우리말의 표준발음』. 탐구당, 1996.

_____. 『한국어의 표준발음』. 교육과학사, 2000.

장두이. 『장두이의 연기 실습론』. 명상, 2000.

_____. 『장두이의 한국연기 실습론』. 새로운 사람들, 2006.

전기송. 「에우제니오 바르바의 연극론에 나타난 '전-표현성' 연구」. 한양대학교 석사학위논문, 2008.

전정옥. 「메이에르홀드 연출방법론과 현대연극의 영향관계」. Russian Academy of Theatre Arts 박사학위논문, 2006.

정원식·이상노·이성진. 『현대교육 심리학』. 서울교육출판사, 1980.

정인숙. 『아메리칸 엑팅 메소드 I, II』. 연극과인간, 2008.

조명남. 「연기자 교육의 문제점과 그 개선 방향에 관한연구」. 중앙대학교 석사학위논문, 1994.

조한준. 「미하일 체홉 연기 테크닉의 실제와 적용에 관한 연구」. 한양대학교 박사학위논문, 2015.

존스, 척. 『배우를 위한 음성훈련』. 허은·김숙경 옮김. 예니, 2000.

차경희. 「판소리 활용에 의한 연기자의 화술교육방법에 관한연구」. 중앙대학교 석사학위논문, 2000.

체홉, 미카엘. 『미카엘 체홉의 테크닉 연기』. 윤광진 옮김. 예니, 2000.

_____. 『배우의 길』. 이진아 옮김. 지식을 만드는 지식, 2009.

크로포드, 제리 L.·조안 스나이더. 『연기: 개발과 표현』. 양광남 옮김. 예하, 1988.

타다시, 스즈키. 『스즈키 연극론』. 김의경 옮김. 현대미학사, 1993.

피스크, 리츠. 『배우와 신체』. 조한신 옮김. 1997.

하겐, 우타. 『산 연기』. 김윤철 옮김. 한신문화사, 2002.

한국 근·현대연극 100년사 편찬. 『한국 근·현대 연극 100년사』. 집문당, 2009.

한국문화예술진흥원 편. 『공연예술총서 V연기』. 한국문화예술진흥원, 1981.

한국방송공사, 『표준 한국어 발음 대사전』. 어문각, 1993.

함수정. 「한국대학 연극전공학과의 화술교육 실태에 관한연구」. 중앙대학교
　　　석사학위논문, 2000.
홍재범. 『스타니슬랍스키 시스템과 한국극예술의 접점』. 연극과인간, 2006.

인터넷 사이트

매일경제 & mk.co.kr. 「'피겨여왕 18년' 은퇴 이후 첫 언론 인터뷰 김연아」,
　　　Web. 18 July 2014. 〈http://news.mk.co.kr〉
네이버 오픈백과. 「러시아 2」. 〈http://kin.naver.com/open100〉
네이버 지식백과. 「그로토프스키 시스템」. 〈http://terms.naver.com〉
네이버. 「그로토프스키」. 〈http://egloos.zum.com/jjocoboy/v/5018767〉
네이버. 「그로토프스키 연극에 대하여」. 〈http://gochioo.blog.me/70080537575〉
네이버 한국현대문학대사전. 2004.
네이버. 「판소리꾼 임진택의 명강: 판소리 살아 숨 쉰다」. Web. 11 March
　　　2007. 〈http://news.naver.com/news〉

류홍근

단국대학교 대중문화예술대학원에서 연극/뮤지컬 이론 · 연출 · 연기전공, 논문 「무대연기 화술지도 방법에 관한 연구」로 석사학위를 취득했다. 서울연극협회, 한국연극배우협회 정회원, 극단 로얄씨어터(삼일로 창고극장), 대중, 포항시립연극단 상임단원으로 활동했다. 한국방송연극영화예술원 실장, 다산소극장 대표를 역임했다. 현재 극단다산 대표로 활동하고 있다.

출연작품 〈쉘부르의 우산〉, 〈딸의 침묵〉, 〈아카시아 흰꽃은 날리고〉, 〈어머니(고리끼)〉, 〈뜨거운 양철 지붕 위의 고양이〉, 〈가스등〉, 〈말괄량이 길들이기〉, 〈가거라 삼팔선〉, 〈마르고 닳도록〉, 〈봄이 오면 산에 들에〉, 〈한놈 두놈 삑구타고〉, 〈크로스토퍼 빈의 죽음〉, 〈학이여 사랑일레라〉, 〈맹진사댁 경사〉, 〈풍금소리〉, 〈오픈커플〉, 〈옥단어〉 외 50여 편
연출작품 〈산불〉, 〈우리들의 일그러진 영웅〉, 〈낙태〉, 〈호기심〉, 〈귀로〉, 〈서툰 사람들〉, 〈허탕〉, 〈돼지와 오토바이〉, 〈나라살림도 여성이〉, 〈헤더웨이 집의 유령〉, 〈가족〉, 〈징〉, 〈딸과 왕자〉, 〈꿈꾸는 별들〉, 〈가족〉 외 다수
희곡작품 「나라살림도 여성이」 전국대회 여성문화제 연극우수상 수상
「연오랑 세오녀」『포항연구』, 2002, 통권 33호
「낙태」, 「호기심」, 「딸과 왕자」, 「가족」 등

나의 연기술
나의 화술연기

초판 1쇄 발행일 2016년 10월 10일

지은이 류홍근
발행인 이성모
발행처 도서출판 동인 • 서울시 종로구 혜화로3길 5 118호
TEL 02-765-7145 / FAX 02-765-7165 / dongin60@chol.com
등 록 제1-1599호
ISBN 978-89-5506-730-9
정 가 13,000원